# Deutsch mit Fred

## Grammatik 1

ARBEITSBUCH
für HS, AHS und Neue Mittelschule

Dr. Sonja Hauer

G&G

www.deutsch-mit-fred.com



**www.ggverlag.at**

ISBN 978-3-7074-1319-9

In der aktuell gültigen Rechtschreibung

8. Auflage 2013 (8,00)

Printed by Brüder Glöckler, Wöllersdorf

# Inhaltsverzeichnis

# Abkürzungsverzeichnis

| | |
|---|---|
| Abs. | Absatz |
| Adj. | Adjektiv |
| Adv. | Adverb |
| AE | Artergänzung |
| Akk. | Akkusativ |
| Anführungsz. | Anführungszeichen |
| Anm. | Anmerkung |
| App. | Apposition |
| Art. | Artikel |
| Attr. | Attribut |
| BE | Begründungsergänzung |
| besitzan. | besitzanzeigend |
| Bsp. | Beispiel |
| bzw. | beziehungsweise |
| cm | Zentimeter |
| Dat. | Dativ |
| d. | der, die, das, des |
| DI | Diplomingenieur |
| d. h. | das heißt |
| Ersatzinf. | Ersatzinfinitiv |
| etc. | et cetera, und so weiter |
| EW | Eigenschaftswort |
| EZ | Einzahl |
| F. | Fall |
| Fem. | Femininum |
| FW | Fürwort |
| Fut. | Futur |
| geb. | geborene(r) |
| Gen. | Genitiv |
| GS | Gliedsatz |
| HS | Hauptsatz |
| HW | Hauptwort |
| HZW | Hilfszeitwort |
| Imp. | Imperativ |
| indir. | indirekt(e) |
| Inf. | Infinitiv |
| Interj. | Interjektion |
| Kap. | Kapitel |

| | |
|---|---|
| kg | Kilogramm |
| km | Kilometer |
| l | Liter |
| lat. | lateinisch |
| Lsg. | Lösung |
| m | Meter |
| männl. | männlich |
| Mask. | Maskulinum |
| MZ | Mehrzahl |
| Neg. | Negation |
| Neutr. | Neutrum |
| Nom. | Nominativ |
| O | Objekt |
| od. | oder |
| OE | Ortsergänzung |
| P | Prädikat |
| Pers. | Person |
| Perf. | Perfekt |
| pers. | persönliche/r/s |
| Pl. | Plural |
| Plusqu. | Plusquamperfekt |
| Präs. | Präsens |
| Prät. | Präteritum |
| Pron. | Pronomen |
| S | Subjekt |
| sächl. | sächlich |
| Sing. | Singular |
| Umstandserg. | Umstandsergänzung |
| usw. | und so weiter |
| V | Verhältnis |
| v. | von |
| vgl. | vergleiche |
| weibl. | weiblich |
| z. B. | zum Beispiel |
| ZE | Zeitergänzung |

## Anmerkung zur Handhabung dieses Übungsbuches

1) In den Übungsbüchern *Deutsch mit Fred:* „Grammatik I“ und „Grammatik II“ sowie im „Arbeitsbuch für die deutsche Rechtschreibung“ wurden in den Übungen vor sämtliche Ruf- bzw. Fragezeichen absichtlich Leerzeichen gesetzt, um den Schülerinnen und Schülern das Erkennen der jeweiligen Bedeutung des Satzes zu erleichtern. Dies ist bzw. war nur als zusätzliche Hilfe gedacht, die in „Grammatik III“ nicht mehr vonnöten ist. Im normalen Schriftverkehr darf vor einem Ruf- bzw. Fragezeichen **kein** Leerzeichen gesetzt werden!

2) Dem vorliegenden Übungsbuch liegen die Empfehlungen des Rats für deutsche Rechtschreibung vom Februar 2006 zugrunde. Diese gestatten in einigen Fällen der Groß- und Kleinschreibung, Beistrichsetzung und Getrenntschreibung eine flexiblere Handhabung der Rechtschreibung und lassen zwei Schreibvarianten zu. In entsprechenden Fällen wurde hier eine der bei den zulässigen Varianten nach Ermessen der Autorin gewählt.

3) In sämtlichen Übungen werden bewusst abwechselnd die deutschen bzw. die lateinischen Fachbegriffe verwendet, um den Schülerinnen und Schülern den Gebrauch beider zu erleichtern.

4) Beim Gebrauch des Genitivs stehen der Schreiberin und dem Schreiber bei vielen Nomen zwei Möglichkeiten zur Verfügung: z. B. des Buchs oder des Buches. Beide Schreibweisen sind zulässig, werden aber im Arbeits- bzw. Lösungsteil nicht immer extra angeführt.

## I Das Zeitwort (lat. Verb)

***Merke:*** *Wir benötigen Verben, um*
1. *anzugeben, was jemand tut (Tätigkeiten),*
2. *zu beschreiben, was vor sich geht (Vorgänge) und*
3. *auszudrücken, was ist (Zustände).*

Verben werden, je nach ihrer Abwandlung, unterteilt in:

- **starke** Verben: schlafen – schlief – geschlafen
- **schwache** Verben: fehlen – fehlte – gefehlt
- **unregelmäßige** Verben: (sein) bin – war – gewesen

Im Folgenden findest du einige der wichtigsten starken und unregelmäßigen Zeitwörter:

| | | |
|---|---|---|
| bitten | bat | gebeten |
| dürfen | durfte | gedurft |
| essen | aß | gegessen |
| fallen | fiel | gefallen |
| geben | gab | gegeben |
| gehen | ging | gegangen |
| haben | hatte | gehabt |
| kennen | kannte | gekannt |
| kommen | kam | gekommen |
| können | konnte | gekonnt |
| lassen | ließ | gelassen |
| laufen | lief | gelaufen |
| mögen | mochte | gemocht |
| müssen | musste | gemusst |
| nehmen | nahm | genommen |
| rufen | rief | gerufen |
| sehen | sah | gesehen |
| sein | war | gewesen |
| stehen | stand | gestanden |
| trinken | trank | getrunken |
| tun | tat | getan |
| werden | wurde | geworden |
| wissen | wusste | gewusst |
| wollen | wollte | gewollt |

1) Die **Nennform** (lat. **Infinitiv**)

***Merke:*** *Die Verbform, die an keinerlei Person gebunden ist und nur die Tätigkeit nennt, bezeichnet man als Nennform (**Infinitiv**). Sucht man Verben in einem Wörterbuch, dann findet man sie nur in dieser Form.*
Bsp.: gehen, laufen, schwimmen, sehen
*Außerdem wird die Nennform für Anweisungen und Aufforderungen verwendet.*
Bsp.: Bitte nicht drängen ! Hebel langsam auslassen.
***Merke: Der Infinitiv bleibt in seiner Form immer gleich.***

Suche in den folgenden Sätzen nach einem Infinitiv und unterstreiche das jeweilige Wort. Achtung: Es muss nicht in jedem Satz ein Infinitiv enthalten sein!

1. Ich gehe jeden Morgen in die Schule.
2. Bitte nicht rauchen !
3. Das Puddingpulver in kalter Milch anrühren.
4. Im Notfall die Scheibe einschlagen.
5. Unser Nachbar arbeitet im Garten.
6. Den Käse über das fertige Gericht streuen.
7. Bitte an der Kasse anstellen !
8. Den Rasen nicht betreten.
9. Fred macht einen Spaziergang.
10. Bei Bedarf den Gurt anlegen.
11. Die Creme gleichmäßig verteilen.
12. Meine Tante liest ein Buch.
13. Nicht aus dem Waggonfenster lehnen.
14. Heute regnet es den ganzen Tag.
15. Alle Zutaten sorgfältig vermengen.
16. Das Auto steht auf dem Parkplatz.
17. Die Kräuter fein zerhacken.
18. Bitte lächeln !
19. Die Kinder laufen über den Rasen.
20. Nicht hinter den Vorhang treten.
21. Den Verband vorsichtig entfernen.
22. Bitte an die Spielregeln halten !
23. Die Feier beginnt am Nachmittag.
24. Sie schneidet mit der Schere den Faden ab.
25. Die Bilder nicht berühren.
26. Sie gewinnen in der Lotterie.

2) Die **Personalform** (lat. **finite** Form des Verbs)

***Merke:*** *Wechselt das persönliche Fürwort (**Personalpronomen**) im Satz, dann ändert sich auch die Endung des Verbs. Diese Abwandlung des Verbs nennt man **Personalform**.*
*Sie lässt erkennen, welche Person im jeweiligen Satz handelt oder auf welche Person/Sache sich die Handlung bezieht.*

| | Einzahl (Singular) | Mehrzahl (Plural) |
|---|---|---|
| 1. Person | ich denke | wir denken |
| 2. Person | du denkst | ihr denkt |
| 3. Person | er/sie/es denkt | sie denken |

Setze in den folgenden Sätzen die richtigen Personalformen ein:

1. Sie ........................ seit zehn Jahren in ihrem Haus. (wohnen)
2. Er ........................ jeden Morgen in die Schule. (gehen)
3. Mein Bruder ........................ gerade seine Hausübung. (machen)
4. Die Kinder ........................ gerade Turnunterricht. (haben)
5. Mutter ........................ ein gutes Buch. (lesen)
6. Ich ........................ meiner Freundin einen Brief. (schreiben)
7. Ihr ........................ einen neuen Mitschüler. (bekommen)
8. Du ........................ mir nicht zu. (hören)
9. Es ........................ ein neues Geschäft. (geben)
10. Wir ........................ heute nicht kommen. (können)
11. Meine Tante ........................ ein Glas Wein. (trinken)
12. Unser Hund ........................ im Teich. (schwimmen)
13. Mein Nachbar ........................ keine Tiere. (mögen)
14. Ihr ........................ heute das Abendessen. (kochen)
15. Sie ........................ ihre Schuhe. (putzen)
16. Die Schneiderin ........................ ein Kleid. (nähen)
17. Wir ........................ einen Kuchen. (backen)
18. Das Flugzeug ........................ über das Meer. (fliegen)
19. Er ........................ ihren Namen. (rufen)
20. Du ........................ zu deinen Eltern. (fahren)
21. In der Früh ........................ ich gern ein Ei. (essen)
22. Ich ........................ mein Auto nicht gern. (waschen)
23. Jedes Jahr ........................ er mir Blumen. (schenken)
24. Das Kind ........................ ein schönes Bild. (zeichnen)
25. Morgens ........................ er immer kalt. (duschen)

26. Es ........................ mir überhaupt nicht. (gefallen)
27. Sonntags ........................ wir immer aus. (schlafen)
28. Heute ........................ er nicht die ganze Zeit. (reden)
29. Meine Schwester ........................ neue Schuhe. (kaufen)
30. Wir ........................ uns etwas wünschen. (dürfen)
31. Sie ........................ ein Mensch, der nie ........................ . (sein, lachen)
32. Der Großvater ........................ eine Geschichte. (erzählen)
33. Wir ........................ in der Mathematikstunde. (rechnen)
34. Die Kinder ........................ Spenden für das Tierheim. (sammeln)
35. Meine Mutter ........................ schöne Kleider. (probieren)
36. Der Basssänger ........................ ein schönes Lied. (singen)
37. Ein Fremder ........................ an die Tür. (klopfen)
38. Bei Schönwetter ........................ mein Vater im Garten. (grillen)
39. Mein Onkel ........................ von Stadt zu Stadt. (reisen)
40. Ich ........................ meinem Hund einen Ball zu. (werfen)
41. Der Maler ........................ auf der Leiter. (stehen)
42. Fred ........................ mein bester Freund. (sein)
43. Er ........................ jeden Geburtstag. (vergessen)
44. Die Diebe ........................ über die Mauer. (klettern)
45. Sie ........................ kein Wort mit ihm. (sprechen)
46. Meine Oma ........................ eine Jacke. (stricken)
47. Wir ........................ nicht das Richtige. (finden)
48. Jeden Freitag ........................ sie einen Kurs. (besuchen)
49. Der Kassier ........................ die Einnahmen. (zählen)
50. Ich ........................ äußerst unbequem. (sitzen)
51. Er ........................ nicht laut genug. (schreien)
52. Sie ........................ nach Muscheln. (tauchen)
53. Der Gast ........................ sich am Buffet. (bedienen)
54. Er ........................ auf ihren Anruf. (warten)
55. Die beiden ........................ in einer Kirche. (heiraten)
56. Ich ........................ nicht zuhause. (sein)
57. Dieses Kind ........................ schlechte Manieren. (haben)
58. Der Wind ........................ besonders stark. (blasen)
59. Täglich ........................ sie das Haus. (säubern)
60. Sie ........................ für die große Prüfung. (lernen)
61. Der Lehrer ........................ nie mit den Kindern. (schimpfen)
62. Wir ........................ sicher eine Lösung. (finden)
63. Sie ........................ den ganzen Tag. (tanzen)
64. Der Arzt ........................ den Patienten. (untersuchen)
65. Heute ........................ es in Strömen. (gießen)
66. Mein Bruder ........................ ein Haus in der Schweiz. (besitzen)

67. Die neuen Schüler ........................ alles sehr schnell. (begreifen)
68. Wir ........................ uns über diese Frage. (wundern)
69. Du ........................ in einen grünen Apfel. (beißen)
70. Ich ........................ ein Glas Saft. (bestellen)
71. Er ........................ über die Wiese. (schlendern)
72. Unsere Köchin ........................ die Zutaten ab. (wiegen)
73. Ihr ........................ jeden Tag. (telefonieren)
74. Heute ........................ mir überhaupt nichts. (gelingen)
75. Du ........................ unsere Situation nicht. (verstehen)
76. Die Hunde ........................ ein großes Loch. (graben)
77. Alle ........................ während der Gedenkminute. (schweigen)
78. Der Fischer ........................ einen Fisch. (fangen)
79. Ihr ........................ euch ein Meerschweinchen. (wünschen)
80. Wir ........................ ihm ein Paket. (schicken)
81. Ich ........................ jeden Tag die Fische. (füttern)
82. Man ........................ den Teig eine Stunde lang. (rühren)
83. Unsere Familie ........................ sich gesund. (ernähren)
84. Der Osterhase ........................ die Eier im Garten. (verstecken)
85. Jedes Mal ........................ sie das Gegenteil. (behaupten)
86. Das Pferd ........................ über die Hürde. (springen)
87. Der Hausherr ........................ seine Gäste. (empfangen)
88. Ihr ........................ gern im Wald. (reiten)
89. Der Dieb ........................ leise um die Ecke. (schleichen)
90. Das Spülwasser ........................ in den Abfluss. (rinnen)
91. Hier ........................ große Disziplin. (herrschen)
92. Seit zwei Stunden ........................ wir uns einen Namen. (überlegen)
93. Unser Wirt ........................ den Wein in die Gläser. (füllen)
94. Der Chor ........................ ein Lied. (pfeifen)
95. Die Schnecke ........................ langsam über die Straße. (kriechen)
96. Du ........................ deine Lieblingsspeise. (kochen)
97. Wir ........................ unsere Kinder. (lieben)
98. Der Gefangene ........................ um Gnade. (bitten)
99. Sie ........................ den Schatz brüderlich. (teilen)
100. Er ........................ seine Karriere. (beenden)
101. Seine Schüler ........................ niemals. (lügen)
102. Unser Lehrer ........................ mir das Richtige. (raten)
103. Meine Oma ........................ die besten Kuchen. (backen)
104. Du ........................ immer mit deiner Schwester. (streiten)
105. Die Kerze ........................ seit einer Stunde. (brennen)
106. Er ........................ oft an seinen Freund. (denken)

3) Die **Befehlsform** (lat. **Imperativ**)

***Merke:*** *Die Befehlsform drückt eine direkte Aufforderung aus und ist an eine oder mehrere Personen gerichtet.*

*Bei den* ***starken*** *Zeitwörtern wird die Befehlsform in der Einzahl mit dem Stamm und einem „****e****" als Endung gebildet, das allerdings auch entfallen kann.*
Bsp.: Trink[e] ! Schwimm[e] ! Wasch[e] !
Es gibt dazu jedoch auch Ausnahmen wie zum Beispiel:
Lass (auch Lasse !) ! Gib! Vergiss ! Lies ! Nimm ! Wirf ! Stirb ! Sieh ! Brich ! Iss ! Komm ! Hilf !
Die Mehrzahl endet immer mit „t" (Ausnahme: Seid !).
Bsp.: Trinkt ! Schwimmt !

*Bei den* ***schwachen*** *Zeitwörtern wird die Befehlsform in der Einzahl mit dem Stamm und einem „e" als Endung gebildet. Es gibt jedoch auch hier einige Ausnahmen wie z. B. Zeig !, Hol !*
Bsp.: Mache ! Lege !
Die Mehrzahl endet immer mit „t".
Bsp.: Mach**t** ! Leg**t** !

*Wird die Aufforderung an jemanden gerichtet, der mit* ***Höflichkeitsform*** *angesprochen wird („Sie"), bildet man die Befehlsform in der 3. Person Mehrzahl.* (Ausnahme: Seien Sie !)
*Bsp.: Geben Sie ! Machen Sie !*
**Achtung:**
Bei einigen Verben kann in der Befehlsform das „**e**" ausfallen wie z. B.:

| | | | |
|---|---|---|---|
| handeln | Handle ! | sammeln | Sammle ! |
| fördern | Fördre ! | feiern | Feire ! |

Setze in den folgenden Sätzen die Befehlsform richtig ein:

1. ......................... mir bei der Arbeit! (du/helfen)
2. ......................... ein wenig Rücksicht ! (ihr/nehmen)
3. ......................... den Ball ins Wasser ! (du/werfen)
4. ......................... dem Lehrer laut und deutlich ! (du/antworten)
5. Fred, ......................... endlich still ! (sein)
6. ......................... über das Problem ! (ihr/sprechen)
7. ......................... mit ihr ! (du/sprechen)
8. ......................... Holz für den Winter ! (du/sammeln)

9. .......................... die Blumen ! (ihr/gießen)
10. .......................... dich um deine Mutter ! (du/kümmern)
11. .......................... es ja nicht, ihn zu belügen ! (du/wagen)
12. .......................... mir aus den Augen ! (Sie/gehen)
13. .......................... den Müll nicht einfach auf die Straße ! (ihr/werfen)
14. .......................... niemals deinen Mut ! (du/verlieren)
15. .......................... mir etwas vor ! (du/lesen)
16. .......................... augenblicklich ! (Sie/schweigen)
17. .......................... nicht so laut ! (ihr/pfeifen)
18. .......................... dich in Acht ! (du/nehmen)
19. .......................... niemanden an ! (du/lügen)
20. .......................... deine Schüler in jeder Beziehung ! (du/fördern)
21. .......................... mir bitte das Salz ! (du/geben)
22. .......................... doch nicht immer das Gegenteil ! (du/behaupten)
23. .......................... sich doch am Buffet ! (Sie/bedienen)
24. .......................... das gute Brot ! (du/essen)
25. .......................... auf deinen Bruder auf ! (du/passen)
26. .......................... eurem Vater bei der Arbeit ! (ihr/helfen)
27. .......................... nicht gegen das Fenster ! (du/treten)
28. .......................... aus ihrem Leben ! (du/verschwinden)
29. .......................... mich nicht ! (Sie/stören)
30. .......................... das Feuer im Kamin an ! (du/zünden)
31. .......................... gesund ! (ihr/bleiben)
32. .......................... die Nadel fest in den Stoff ! (du/stechen)
33. .......................... mir bitte nichts zu Weihnachten ! (ihr/schenken)
34. .......................... den armen Kindern in Afrika ! (ihr/helfen)
35. .......................... genau ins Schwarze ! (du/treffen)
36. .......................... sofort damit auf ! (Sie/hören)
37. Kinder, .......................... bitte leise ! (sein)
38. .......................... eure Hausaufgaben ! (ihr/machen)
39. .......................... mir ! (Sie/vertrauen)
40. .......................... den Gästen das Essen ! (du/bringen)
41. .......................... nicht unsere Verabredung ! (du/vergessen)
42. .......................... tief ein und aus ! (du/atmen)
43. .......................... bitte die Zeitung ! (du/holen)
44. .......................... her ! (du/sehen)
45. .......................... so viel, wie ihr wollt ! (ihr/essen)
46. Jetzt .......................... schon her ! (du/kommen)
47. .......................... das Buch auf den Tisch ! (du/legen)
48. .......................... auf eure Mutter ! (ihr/hören)
49. .......................... eure Zähne ! (ihr/putzen)

50. .......................... mich bitte in Ruhe ! (Sie/lassen)
51. Flocki, .......................... dein Futter ! (du/fressen)
52. .......................... auf sein Wohl ! (ihr/trinken)
53. .......................... dir nicht den Magen ! (du/verderben)
54. .......................... als Hausübung ein kurzes Gedicht ! (ihr/schreiben)
55. .......................... dich gegen den Angriff ! (du/wappnen)
56. .......................... den Artikel genau durch ! (Sie/lesen)
57. .......................... die Kinder im Garten spielen ! (du/lassen)
58. .......................... dich bitte ! (du/beeilen)
59. .......................... sofort nach Italien ! (Sie/reisen)
60. .......................... mir eine Karte aus dem Urlaub ! (du/senden)
61. .......................... einen Eid ! (Sie/schwören)
62. .......................... etwas dagegen ! (du/tun)
63. .......................... die Wahrheit ! (ihr/sagen)
64. .......................... nicht eure Schultaschen ! (ihr/vergessen)
65. .......................... dich vor der Gefahr ! (du/hüten)
66. .......................... ein schönes Bild ! (ihr/malen)
67. .......................... auf das richtige Feld ! (du/zeigen)
68. .......................... eurer Großmutter einen Sessel an ! (ihr/bieten)
69. .......................... für dein großes Konzert ! (du/werben)
70. .......................... die Aufgabe genau ! (du/rechnen)
71. .......................... sich an die Regeln ! (Sie/halten)
72. .......................... mit deinem Hund in den Park ! (du/gehen)
73. .......................... auch mit den anderen Kindern ! (ihr/spielen)
74. .......................... nicht auf Ihre Verabredung ! (Sie/vergessen)
75. .......................... nicht, ohne nachzudenken ! (du/handeln)
76. .......................... eifrig für deine Prüfung ! (du/lernen)
77. .......................... alle Einzelheiten ! (Sie/notieren)
78. .......................... die Karten vor dem Spiel ! (du/mischen)
79. .......................... nicht zu lange im kalten Wasser ! (ihr/bleiben)
80. .......................... die hungrigen Tiere ! (du/füttern)
81. Bitte, .......................... nicht ! (du/sterben)
82. .......................... ihr ein Gedicht ! (du/widmen)
83. .......................... die Seile zusammen ! (du/binden)
84. .......................... die Störung ! (Sie/entschuldigen)
85. .......................... nicht zu viel ! (du/feiern)
86. .......................... dich ordentlich ! (du/kämmen)
87. .......................... den Tisch ab ! (du/messen)
88. .......................... dir vor dem Essen die Hände ! (du/waschen)

# II Das Hauptwort/das Namenwort (lat. Nomen oder Substantiv)

***Merke:*** *Ein Hauptwort wird gebraucht, um* ***Personen, Pflanzen, Lebewesen*** *und* ***Gegenstände*** *zu bezeichnen. Diese Art von Wörtern nennt man* ***konkrete*** *Namenwörter. Außerdem verwendet man das Nomen, um vorstellbaren Dingen wie zum Beispiel* ***Begriffen, Tätigkeiten, Eigenschaften*** *und* ***Zuständen*** *einen Namen zu geben (****abstrakte*** *Namenwörter).* ***Achtung: Alle Nomen werden großgeschrieben !***

a) Unterscheide in der folgenden Übung, ob es sich bei dem jeweiligen Wort um ein konkretes oder ein abstraktes Nomen handelt, und schreibe es auf:

| | | | | | |
|---|---|---|---|---|---|
| 1. | Glück | ........................ | 2. | Haus | ........................ |
| 3. | Freunde | ........................ | 4. | Buch | ........................ |
| 5. | Fabrik | ........................ | 6. | Rose | ........................ |
| 7. | Freude | ........................ | 8. | Sehnsucht | ........................ |
| 9. | Liebe | ........................ | 10. | Fisch | ........................ |
| 11. | Angst | ........................ | 12. | Anzug | ........................ |
| 13. | Bett | ........................ | 14. | Mut | ........................ |
| 15. | Entschluss | ........................ | 16. | Topf | ........................ |
| 17. | Heiterkeit | ........................ | 18. | Furcht | ........................ |
| 19. | Messer | ........................ | 20. | Wut | ........................ |
| 21. | Plakat | ........................ | 22. | Macht | ........................ |
| 23. | Tor | ........................ | 24. | Verband | ........................ |
| 25. | Salz | ........................ | 26. | Kuh | ........................ |
| 27. | Bus | ........................ | 28. | Fluss | ........................ |
| 29. | Gebirge | ........................ | 30. | Trauer | ........................ |
| 31. | Fröhlichkeit | ........................ | 32. | Gefahr | ........................ |
| 33. | Wunsch | ........................ | 34. | Lineal | ........................ |
| 35. | Ungeduld | ........................ | 36. | Ehre | ........................ |
| 37. | Hass | ........................ | 38. | Kern | ........................ |
| 39. | Mehl | ........................ | 40. | Schlamm | ........................ |
| 41. | Abneigung | ........................ | 42. | Eile | ........................ |
| 43. | Bank | ........................ | 44. | Ratschlag | ........................ |
| 45. | Pflaster | ........................ | 46. | Papier | ........................ |
| 47. | Problem | ........................ | 48. | Ring | ........................ |
| 49. | Feigheit | ........................ | 50. | Rede | ........................ |

b) Erkenne in den nachfolgenden Sätzen das bzw. die Nomen und unterstreiche es/sie (Achtung: Es kann auch sein, dass überhaupt kein Nomen in einem Satz enthalten ist !):

1. Heute ist ein besonders schöner Tag.
2. Vielleicht bekomme ich heute eine gute Note.
3. Die Kinder finden im Garten viele Kastanien.
4. Im Sommer kann man im See baden.
5. Die Fischer werfen ihre Netze aus.
6. Ich möchte gern ein Glas Saft trinken.
7. Zu Weihnachten essen wir immer Karpfen.
8. Dein Buch ist sehr interessant.
9. Die Kinder trinken eine Tasse Tee.
10. Ist dein Vater gerade in seinem Büro ?
11. Fred geht mit seiner Mutter einkaufen.
12. Wir beobachten sie.
13. Läuft der Hund über die Straße ?
14. Wir schreiben im Deutschunterricht einen Text.
15. Das Wetter ist im April äußerst wechselhaft.
16. Wann kommt deine Mutter zurück ?
17. Unser Musiklehrer hört gern Opern.
18. Sie nimmt sein Angebot an.
19. Ich lerne jeden Tag für die Schule.
20. Die Prüfung war nicht schwierig.
21. Er lernt sie kennen.
22. In den Sommerferien fahren wir immer auf Urlaub.
23. Ohne Geld kannst du das Auto nicht kaufen.
24. Gib mir sofort den Schlüssel wieder !
25. Ich nehme ein Bad und wasche meine Haare.
26. Seine Freunde wünschen Fred eine gute Reise.
27. Spielst du mit deinem Bruder Schach ?
28. In diesem Spiel ist er ein schlechter Verlierer.
29. Er besucht jeden Sonntag die Messe.
30. Ich verzeihe dir.
31. Im Kino läuft gerade ein spannender Film.
32. Die Kühe stehen auf der Weide.
33. Wir treiben sehr viel Sport.
34. Ich habe meine Sachen im Wagen vergessen.
35. Im Juli fahren wir nach Italien.
36. Meine Schwester putzt gerade ihr Zimmer und das Bad.
37. Sie wünscht sich einen Strauß Rosen.

## III Das Geschlechtswort (lat. Artikel)

***Merke:*** *Grundsätzlich wird zwischen „bestimmtem" (**der/die/das**) und „unbestimmtem" (**ein/eine/ein**) Artikel unterschieden. Man nennt diese Wörter auch Begleiter des Nomens, da sie nur in Verbindung mit einem solchen gebraucht werden. In der Verneinung wird beim unbestimmten Artikel aus ein **kein** und aus eine **keine.***

a) Schreibe die vorgegebenen Nomen einmal mit unbestimmtem und dann mit bestimmtem Artikel auf:

1. Haus: ............................................................................
2. Käfer: ............................................................................
3. Bürste: ............................................................................
4. Stoff: ............................................................................
5. Fest: ............................................................................
6. Satz: ............................................................................
7. Decke: ............................................................................
8. Gebet: ............................................................................
9. Garten: ............................................................................
10. Sieb: ............................................................................
11. Feier: ............................................................................
12. Kamm: ............................................................................
13. Markt: ............................................................................
14. Gruft: ............................................................................
15. Arbeit: ............................................................................
16. Graben: ............................................................................
17. Kind: ............................................................................
18. Mensch: ............................................................................
19. Fass: ............................................................................
20. Leistung: ............................................................................
21. Nebel: ............................................................................
22. Urlaub: ............................................................................
23. Krug: ............................................................................
24. Woche: ............................................................................
25. Abend: ............................................................................
26. Person: ............................................................................
27. Schaden: ............................................................................
28. Strafe: ............................................................................
29. Quelle: ............................................................................

***Merke:** Grundsätzlich werden **drei** Geschlechter verwendet. Unter dem so genannten „grammatischen Geschlecht“ (**Genus**) versteht man die Zuordnung zu männlich (**Maskulinum**), weiblich (**Femininum**) und sächlich (**Neutrum**).*

b) Setze im Folgenden den richtigen bestimmten Artikel vor das Nomen (Achtung: In manchen Fällen kommt es vor, dass ein Nomen zwei Artikel als Begleiter hat, die beide richtig sind !):

| | | | |
|---|---|---|---|
| 1. | ........................ Mode | 2. | ........................ Kartoffel |
| 3. | ........................ Spiel | 4. | ........................ Gabel |
| 5. | ........................ Katze | 6. | ........................ Kasten |
| 7. | ........................ Butter | 8. | ........................ Teller |
| 9. | ........................ Pferd | 10. | ........................ Radio |
| 11. | ........................ Ring | 12. | ........................ Nuss |
| 13. | ........................ Flug | 14. | ........................ Essen |
| 15. | ........................ Werk | 16. | ........................ Nacht |
| 17. | ........................ Stuhl | 18. | ........................ Gras |
| 19. | ........................ Tisch | 20. | ........................ Natur |
| 21. | ........................ Gebäude | 22. | ........................ Joghurt |
| 23. | ........................ Regen | 24. | ........................ Wahl |
| 25. | ........................ Reichtum | 26. | ........................ Gebrechen |
| 27. | ........................ Mittel | 28. | ........................ Prospekt |
| 29. | ........................ Tempo | 30. | ........................ Moment |
| 31. | ........................ Glas | 32. | ........................ Hass |
| 33. | ........................ Keks | 34. | ........................ Zimmer |
| 35. | ........................ Lampe | 36. | ........................ Kunst |
| 37. | ........................ Regel | 38. | ........................ Liter |
| 39. | ........................ Vorwurf | 40. | ........................ Kampf |
| 41. | ........................ Monat | 42. | ........................ Metall |
| 43. | ........................ Fest | 44. | ........................ Kultur |
| 45. | ........................ Erfolg | 46. | ........................ Freiheit |
| 47. | ........................ Vertrag | 48. | ........................ Hinweis |
| 49. | ........................ Teil | 50. | ........................ Fröhlichkeit |
| 51. | ........................ Recht | 52. | ........................ Bahn |
| 53. | ........................ Meer | 54. | ........................ Jahr |
| 55. | ........................ Woche | 56. | ........................ Polster |
| 57. | ........................ Krug | 58. | ........................ Lokal |
| 59. | ........................ Zeit | 60. | ........................ Erfahrung |
| 61. | ........................ Zwiebel | 62. | ........................ Imbiss |
| 63. | ........................ Muskel | 64. | ........................ Gewand |

***Merke:** Der Artikel ist auch eine Hilfe zur Feststellung von Zahl (**Numerus**) und Fall (**Kasus**) eines Nomens. Unter Zahl versteht man die Unterscheidung in Einzahl (**Singular**) und Mehrzahl (**Plural**). Diese wird benötigt, um in einem Satz zwischen „einem“ und „mehreren“ unterscheiden zu können.*

c) Bilde von den vorgegebenen Nomen die jeweilige Mehrzahl:

1. das Haus: ..........
2. der Sessel: ..........
3. die Gabel: ..........
4. die Ehe: ..........
5. der Kopf: ..........
6. das Pferd: ..........
7. die Tür: ..........
8. das Fass: ..........
9. der Traum: ..........
10. die Neuigkeit: ..........
11. das Gras: ..........
12. der Schlüssel: ..........
13. die Lampe: ..........
14. der Anzug: ..........
15. die Kraft: ..........
16. das Bad: ..........
17. der Muskel: ..........
18. die Fahrt: ..........
19. der Kaiser: ..........
20. das Herz: ..........
21. die Mutter: ..........
22. das Jahr: ..........
23. der Hut: ..........
24. die Nummer: ..........
25. der Tisch: ..........
26. die Hand: ..........
27. der Kranz: ..........
28. die Farbe: ..........
29. der Vogel: ..........
30. das Sakko: ..........
31. der Pflock: ..........
32. der Wurm: ..........
33. das Korn: ..........

***Merke:*** *Werden Nomen in einem Satz verwendet,* ***verändern*** *sie in jedem Fall (****Kasus****) ihre Form. Diese Veränderung nennt man Beugung (****Deklination****). Es werden im Deutschen* ***4*** *Fälle unterschieden:*

**1. Fall: Nominativ**
**2. Fall: Genitiv**
**3. Fall: Dativ**
**4. Fall: Akkusativ**

*Der unbestimmte Artikel wird folgendermaßen in seiner Form verändert:*

| **Einzahl** | | | | **Mehrzahl** |
|---|---|---|---|---|
| | männl. | weibl. | sächl. | alle Geschlechter: |
| 1. F. | ein | eine | ein | hier verwendet man das |
| 2. F. | eines | einer | eines | Nomen ohne Artikel |
| 3. F. | einem | einer | einem | |
| 4. F. | einen | eine | ein | |

*Der unbestimmte Artikel wird folgendermaßen verändert:*

| **Einzahl** | | | | **Mehrzahl** |
|---|---|---|---|---|
| | männl. | weibl. | sächl. | alle Geschlechter: |
| 1. F. | der | die | das | die |
| 2. F. | des | der | des | der |
| 3. F. | dem | der | dem | den |
| 4. F. | den | die | das | die |

*Achtung:* **KEIN** Artikel steht

- bei Nomen, die zur Verallgemeinerung verwendet werden
- in festen Redewendungen
- meistens bei Eigennamen
- bei unbestimmten Maß- und Mengenangaben
- bei Stoff- und Sammelbezeichnungen
- in Ausrufen, Kommandos und Anreden

d) Setze nun die fehlenden unbestimmten Artikel ein und achte darauf, dass sie mit dem Nomen richtig übereingestimmt werden:

1. .............. Kind spielt auf der Straße.
2. Ich möchte ............... Apfel, .............. Orange und .............. Ei.
3. Dem Politiker wird .............. Empfang bereitet.
4. Wir sehen .............. Film im Fernsehen.
5. Hast du .............. Nachricht für mich ?
6. Die Schülerin will nicht noch .............. Fünfer im Zeugnis.
7. Gib mir sofort .............. Antwort !
8. Wir treffen heute .............. Freund.
9. Das ist die Tochter .............. Freundin.
10. Das Buch stammt von .............. alten Dichter.
11. Sie schenken Fred .............. Buch und .............. Kinokarte.
12. Wann bekommt ihr endlich .............. Computer ?
13. Meine Eltern machen .............. Reise nach Italien.
14. ............... Gruppe von Schülern besucht das Museum.
15. Es war .............. schwerer Entschluss.
16. Sie bäckt jeden Samstag .............. Kuchen.
17. Ich hätte gern die Meinung .............. Fachmanns.
18. Wir können uns .............. Mehr an Kosten nicht leisten.
19. Möchten Sie lieber .............. Hund oder .............. Katze ?
20. In unserer Stadt wird .............. neues Theater gebaut.
21. Er hat sich beim Turnen .............. Bein gebrochen.
22. .............. Lösung wird gefunden.
23. Ich brauche .............. Kugelschreiber.
24. Hast du die Arbeit mit .............. Freundin erledigt ?
25. Sie wartet auf .............. Anruf.
26. Das war .............. gute Idee.
27. Was hältst du von .............. guten Essen ?
28 ............... Mann steht vor der Tür.
29. Fred ist .............. guter Läufer.
30. Fliegt da gerade .............. Fink oder .............. Amsel ?
31. Nimm doch .............. Stück Kuchen !
32. Die Brücke führt über .............. Fluss.
33. Das ist Spielzeug .............. Kindes.
34. Hast du .............. brauchbaren Kugelschreiber gesehen ?
35. Sie benötigt .............. Kleid, .............. Tasche und .............. Koffer.
36. Ich habe im Wald .............. Reh gesehen.
37. Vergiss nicht, .............. Blumenstrauß zu besorgen !

e) Setze in den nachfolgenden Sätzen die fehlenden bestimmten Artikel ein und achte darauf, dass sie im richtigen Fall stehen:

1. ............ Auto fährt um ............ Ecke.
2. Von hier aus kann man ............ Fluss sehen.
3. ............ Mädchen möchten in ............ Einkaufsstraße gehen.
4. Gib mir ............ Hand !
5. Fred ist ............ beste Schüler ............ Klasse.
6. ............ Schüler warten auf ............ Zug.
7. ............ Weihnachtsfest ist nicht nur für ............ Kleinen da.
8. Sie zeigt mit ............ Finger auf ............ Tafel.
9. Warum wirfst du ............ Essen in ............ Müll ?
10. ............ Buch befindet sich in ............ Regal.
11. ............ Farbe ............ Hauses ist undefinierbar.
12. ............ Zähneputzen ist gut für ............ Gebiss.
13. Wann kommt ............ Zug an ?
14. ............ Verkäufer wickelt ............ Geschenk ein.
15. Wir sehen ............ Bus ............ Straße herauffahren.
16. ............ Leben auf ............ Land gefällt mir.
17. Man sollte ............ Pflanzen regelmäßig gießen.
18. ............ Ball ............ Hundes ist rot.
19. Jetzt landet gerade ............ Flugzeug auf ............ Landebahn.
20. Sie finden ............ gesuchte Bild in ............ Galerie.
21. Habt ihr schon ............ Lehrer getroffen ?
22. Wir werden ............ Bedürftigen helfen.
23. Lege ............ Brief auf ............ Schreibtisch !
24. Nicht ............ Rasen betreten !
25. Ich sehe ............ Pferd, ............ Esel und ............ Ziege.
26. ............ Lehrer sammelt ............ Hefte ............ Kinder ein.
27. Sie genießen ............ Ausblick und ............ Ruhe.
28. Ich muss ............ Buben ............ Rechnen beibringen.
29. ............ Lied ist ............ Gatten ............ Komponistin gewidmet.
30. ............ Einkaufstasche ............ Frau ist sehr schwer.
31. Wir werden schon morgen ............ nächste Schularbeit schreiben.
32. ............ Großvater erzählt ............ Kindern ............ Geschichte von Juri.
33. ............ Maler streichen ............ Haus.
34. Wirf mir ............ Ball zu !
35. ............ Arzt spricht mit ............ Patienten.
36. Fred macht ............ Arbeit sorgfältig.
37. ............ Treffen findet in ............ Schule statt.
38. Wirst du ............ Bücher lesen ?

# IV Das Fürwort
# (lat. Pronomen)

***Merke**: Man nennt das **Pronomen** auch **Stellvertreter** des Nomens, da es ein bereits erwähntes Nomen vertritt und somit hilft, dieses nicht immer wieder verwenden zu müssen. Fürwörter werden ebenfalls wie die Geschlechtswörter in **Zahl (Numerus)** und **Fall (Kasus)** unterschieden. Es gibt mehrere Arten von Pronomen, die auf Grund bestimmter Merkmale in Gruppen eingeteilt sind. Wir beschäftigen uns vorerst mit dem persönlichen und dem besitzanzeigenden Fürwort.*

I) Das **persönliche Fürwort** (lat. **Personalpronomen)**

***Merke:** Das **Personalpronomen** wird von demjenigen, der spricht oder schreibt, verwendet, um **Personen, Tiere, Sachen oder Situationen** zu ersetzen. Dies, wie bereits erwähnt, hauptsächlich dazu, um oftmalige Wiederholungen des Nomens zu **vermeiden**.*

Es wird grundsätzlich unterschieden:

1. Person: diese spricht von sich selbst
2. Person: diese wird angesprochen
3. Person: von dieser wird gesprochen

**Diese drei Personen werden folgendermaßen dekliniert:**

| **1. Person:** | **EZ** | **MZ** |
|---|---|---|
| Nom. | ich | wir |
| Gen. | meiner | unser |
| Dat. | mir | uns |
| Akk. | mich | uns |

| **2. Person (vertraulich):** | **EZ** | **MZ** |
|---|---|---|
| Nom. | du | ihr |
| Gen. | deiner | euer |
| Dat. | dir | euch |
| Akk. | dich | euch |

| 3. Person (höfliche Anrede): | EZ | MZ |
|---|---|---|
| Nom. | Sie | Sie |
| Gen. | Ihrer | Ihrer |
| Dat. | Ihnen | Ihnen |
| Akk. | Sie | Sie |
| **3. Person (männlich):** | **EZ** | **MZ** |
| Nom. | er | sie |
| Gen. | seiner | ihrer |
| Dat. | ihm | ihnen |
| Akk. | ihn | sie |
| **3. Person (weiblich):** | **EZ** | **MZ** |
| Nom. | sie | sie |
| Gen. | ihrer | ihrer |
| Dat. | ihr | ihnen |
| Akk. | sie | sie |
| **3. Person (sächlich):** | **EZ** | **MZ** |
| Nom. | es | sie |
| Gen. | seiner | ihrer |
| Dat. | ihm | ihnen |
| Akk. | es | sie |

a) Erkenne nun in den folgenden Sätzen das persönliche Fürwort und unterstreiche es (Achtung: Es kann sein, dass sich in einem Satz mehrere Fürwörter befinden bzw. dass überhaupt keines enthalten ist !):

1. Ich sehe ihn im Garten.
2. Der Mantel in der Auslage gefällt mir.
3. Wir sehen dich morgen.
4. Gib ihr bitte den Krug !
5. Kannst du ihm helfen ?
6. Ihr trefft sie am Montag.
7. Alles drehte sich nur um ihn.
8. Hier ist das Kind. Es ist sehr artig.
9. Du darfst ihn malen.
10. Die Blumen blühen in allen Farben.
11. Dieses Zimmer gehört uns.
12. Fred beobachtet euch.

13. Der Ober bringt Ihnen sofort die Karte.
14. Ich suche nach der Brille.
15. Wann kommt er ?
16. Ihr werdet es morgen sehen.
17. Du bist heute großzügig.
18. Das Reh läuft durch den Wald.
19. Es rastet im Gehölz.
20. Wo bist du ?
21. Sie machen eine Wanderung.
22. Bei dem Begräbnis gedachten wir seiner.
23. Die Schularbeit war schwierig.
24. Wir zeigen ihnen den Weg.
25. Gib ihnen das Buch !
26. Er geht mir auf die Nerven.
27. Entschuldigung, haben Sie einen Wunsch ?
28. Du verstehst uns nicht.
29. Sie treiben gern Sport.
30. Was macht ihr da ?
31. Er fährt mit dem Bus.
32. Das Kleid ist schön. Es gefällt mir.
33. Nimm ihm das Messer weg !
34. Wir finden ihn sicher bald.
35. Sie werden sich meiner annehmen.
36. Die Leiter lehnt an der Wand.
37. Wir schenken euch einen Fernseher.
38. Hilf mir bitte !
39. Du springst in den Teich.
40. Sie möchte ein Glas Wasser.
41. Wer kümmert sich um mich ?
42. Gehe ihnen besser aus dem Weg !
43. Er erzählt es sicher nicht weiter.
44. Du machst einen Fehler.
45. Der Lehrer diktiert einen langen Text.
46. Ich vertraue ihr.
47. Die Arbeit strengt uns an.
48. Wer hat mich gerufen ?
49. Heute in der Früh war es sehr heiß.
50. Erkläre uns dieses Beispiel !
51. Haben Sie entschieden ?
52. Fred liest uns etwas vor.
53. Wie geht es dir ?

b) Ersetze die unterstrichenen Nomen jeweils durch ein Personalpronomen und schreibe es auf:

1. Das Haus ist groß und geräumig.
2. Die Schüler sehen den Lehrer.
3. Wie geht es dem Patienten ?
4. Die Kinder waschen die Kleider.
5. Wer packt die Koffer ?
6. Die Polizei sucht den Dieb.
7. Der Junge hilft dem alten Mann.
8. Singe den Kindern ein Lied vor !
9. Das Mädchen schreibt ein Gedicht.
10. Der Mann wäscht das Auto.
11. Wer streichelt den Hund ?
12. Der Rasen ist grün.
13. Fred beobachtet das Wild.
14. Der Maler streicht die Wand.
15. Die Kundin kauft zwei Orangen.
16. Wo ist der Fernseher ?
17. Der Jäger kontrolliert das Gehege.
18. Lege das Buch auf den Tisch !
19. Die Besucher besichtigen das Gebäude.
20. Schießt der Fußballspieler ein Tor ?
21. Der Blumentopf gefällt dem Gärtner.
22. Das Geschenk ist weg.
23. Wo steht das Regal ?
24. Der Prüfer lässt den Schüler durchfallen.
25. Die Ärztin operiert den Verletzten.
26. Isst der Affe die Banane ?
27. Die Schüler schreiben einen Vers.
28. Der Wanderer benötigt eine Karte.
29. Vertraut der Mann dem Freund ?
30. Der Musiker spielt eine Melodie.
31. Wer steht hinter der Tür ?
32. Der Briefträger bringt die Post.
33. Das Baby trinkt die Milch.
34. Die Kühe stehen auf der Wiese.
35. Gib das Fleisch auf den Teller !
36. Wer hat das Kind gesehen ?
37. Der Sammler sucht nach Pilzen.
38. Die Sekretärin schreibt den Brief.

## II) Das **besitzanzeigende Fürwort** (lat. **Possessivpronomen)**

***Merke:*** *Das* ***Possessivpronomen*** *wird gebraucht, um auszudrücken, wem etwas gehört. Es klärt die jeweiligen* ***Besitzverhältnisse*** *bzw. die* ***Zusammengehörigkeit****. Bei seiner Verwendung ist es* ***abhängig*** *von dem Nomen, auf das es sich bezieht.*

| | *Einzahl* | | | *Mehrzahl* |
|---|---|---|---|---|
| | **männlich** | **weiblich** | **sächlich** | **alle** |
| 1. Person (EZ): | mein | meine | mein | meine |
| 2. Person (EZ): | dein | deine | dein | deine |
| 3. P. EZ. männl.: | sein | seine | sein | seine |
| 3. P. EZ. weibl.: | ihr | ihre | ihr | ihre |
| 3. P. EZ. sächl.: | sein | seine | sein | seine |
| 1. Person (MZ): | unser | unsere | unser | unsere |
| 2. Person (MZ): | euer | eure | euer | eure |
| 3. Person (MZ): | ihr | ihre | ihr | ihre |
| Höflichkeitsform: | Ihr | Ihre | Ihr | Ihre |

*Das* ***Possessivpronomen*** *wird ebenfalls dekliniert. Seine Form hängt in* ***Zahl, Fall*** *und* ***Geschlecht*** *von dem* ***Nomen*** *ab, welchem es beigefügt wird.*
*Im Folgenden werden die Endungen aufgeführt, die wir in den entsprechenden Fällen benötigen:*

| | *Einzahl* | | | *Mehrzahl* |
|---|---|---|---|---|
| | **männlich** | **weiblich** | **sächlich** | **alle** |
| 1. F. | ——— | —e | ——— | —e |
| 2. F. | —es | —er | —es | —er |
| 3. F. | —em | —er | —em | —en |
| 4. F. | —en | —e | ——— | —e |

c) Erkenne in den folgenden Sätzen das besitzanzeigende Fürwort und unterstreiche es (Achtung: Es muss sich nicht in jedem Satz ein Possessivpronomen befinden !):

1. Dein Wagen steht in der Garage.
2. Im Bad liegt ihre Puppe.
3. Euer Fest war ein großer Erfolg.
4. Wir freuen uns auf Ihren Besuch.

5. Der Ring an deiner rechten Hand gefällt mir.
6. Ich bringe den Kuchen meiner Freundin.
7. Darf ich Ihnen meine Frau vorstellen ?
8. Fred zeigt uns seine Sammlung.
9. Telefonieren ist ihr größtes Hobby.
10. Reiche mir deine Hand !
11. Mein Hund ist mein bester Freund.
12. Für diese Gästeanzahl ist unsere Wohnung zu klein.
13. Wo ist euer Einkaufskorb ?
14. Einer ihrer Lieblingsplätze ist der Garten ihres Vaters.
15. Ich glaube deiner Tante kein Wort.
16. Im Herbst wollen wir seine Wohnung renovieren.
17. Er arbeitet in einem großen Büro.
18. Die Familie gibt ihre Zustimmung.
19. Sein Traum wurde endlich Wirklichkeit.
20. Wir sind auf eure Hilfe angewiesen.
21. Die Gläser seiner Sonnenbrille sind gelb.
22. Ich habe meinen neuen Nachbarn noch nie gesehen.
23. Wo ist dein Auto ?
24. Die Kinder suchen nach ihrer Mutter.
25. Mein Onkel und meine Tante verbringen ihren Urlaub in Italien.
26. Euer Lehrer ist immer lustig und gut gelaunt.
27. Frau Meier, Ihr Sohn ist sehr begabt.
28. Das Lernen ist manchmal anstrengend.
29. Fred wird immer unser Freund bleiben.
30. Ich finde meinen Schlüssel nicht mehr.
31. Das Licht deines Fahrrades ist kaputt.
32. Bitte, grüßt euren Bruder !
33. Wo ist er mit seinem Buch hingegangen ?
34. Die Sekretärin findet eure Unterlagen nicht mehr.
35. Wir besuchen jedes Jahr den schönen Weihnachtsmarkt.
36. Zu Silvester versteckt sich unsere Katze unter dem Sofa.
37. Meine Schwester sucht ihre Sachen.
38. Wir werden seinen Mantel in die Reinigung bringen.
39. Man kann nicht immer deiner Meinung sein.
40. Vergiss nicht, dein Medikament einzunehmen !
41. Er hat versprochen, bald nach Hause zu kommen.
42. Darf ich Ihrer Mutter aus dem Mantel helfen ?
43. Das Kind hat seinen Ball im Park verloren.
44. Wir mögen unseren Hund sehr.
45. Deine Torten schmecken am besten.

d) Setze das fehlende besitzanzeigende Fürwort in seiner richtigen Form ein:

1. ................ Bruder spielt gern Fußball. (ich)
2. ................ Schwester geht mit ............... Freundinnen ins Kino. (er, sie)
3. Wir sehen morgen ............... Trainer. (wir)
4. ................ Karten liegen an der Kasse bereit. (ihr)
5. Am Wochenende sind ............... Eltern auf dem Land. (du)
6. Fred trifft ............... Freund in der Stadt. (er)
7. Hast du ............... Hausübung schon gemacht ? (du)
8. Das Kind hat ............... Glas noch nicht ausgetrunken. (es)
9. Wir möchten ............... Arbeit zu Hause erledigen. (wir)
10. Die Lehrerin hat .............. Hefte in .............. Klasse vergessen. (sie, sie)
11. Lasst ............... Bruder nicht im Stich ! (ihr)
12. Das Pferd frisst ............... Futter. (es)
13. Ich finde ............... Geld nicht mehr. (ich)
14. Haben Sie schon ............... Wahl getroffen ? (Sie)
15. Du gehst mit ............... Tante und ............... Onkel spazieren. (du, du)
16. Er gibt ............... Neffen einen guten Rat. (er)
17. Die Kinder geben ............... Referate ab. (sie)
18. Nimm ............... Füße sofort vom Tisch ! (du)
19. Wir setzen das Kaninchen in ............... Stall. (es)
20. Das ist nicht ............... Zimmer, sondern ............... Raum. (ihr, wir)
21. Ihr habt ............... Frühstück nicht gegessen. (ihr)
22. Würden Sie mir ............... Bruder vorstellen ? (Sie)
23. ................ Ostereier sind im Garten versteckt. (ich)
24. ................ Bruder baut ............... Eisenbahn im Keller auf. (ich, er)
25. Die Katze putzt ............... Fell. (sie)
26. Gebt ............... Taschen dem Portier ! (ihr)
27. Das Ferkel sucht ............... Mutter. (es)
28. Wir vermissen ............... alte Wohnung. (wir)
29. Sie bringen ............... Geschenke herein. (ihr)
30. Ist das ............... Koffer ? (Sie)
31. ................ Freund liest ............... Brief vor. (wir, er)
32. Sie haben ja schon ............... Sachen gepackt ! (Sie)
33. Wirf mir ............... Ball zu ! (du)
34. Wir werden ............... Fotos bald sehen. (er)
35. ................ Garten ist wunderschön. (ihr)
36. Fred sucht ............... Haus. (wir)
37. Kennst du ............... Familie ? (sie)
38. Ihr macht Urlaub mit ............... Freunden. (ihr)

39. Du wirst ............... Wörterbuch nicht bekommen. (ich)
40. ................ Erzählungen sind immer sehr interessant. (du)
41. Seht ............... Bilder an ! (er)
42. ................ Bekannte und ............... Mann sind zu Besuch. (ich, sie)
43. Wo sind ............... Stifte ? (es)
44. Das Dach ............... Hauses ist undicht. (wir)
45. Wir sehen ............... Ankunft mit Freude entgegen. (ihr)
46. Hat ............... Freundin ............... Prüfung bestanden ? (du, sie)
47. Ich werde ............... Wunsch erfüllen. (Sie)
48. Wohin bringst du ............... Kleider ? (ich)
49. ................ Worte haben ............... Nachbarin sehr gut getan. (du, er)
50. Er schnitzt ............... Patenkind eine Holzpuppe. (er)
51. Haben die Gäste ............... Plätze eingenommen ? (sie)
52. Das ist nicht ............... Platz. (es)
53. Gib mir ............... Äpfel zurück ! (wir)
54. Wir werden ............... Geschichte erzählen. (ihr)
55. Du hast ............... Handtuch im Bad liegen gelassen. (ich)
56. Ich benötige ............... Eintrittskarte. (Sie)
57. Leihst du mir ............... CD ? (du)
58. Fred bringt ............... Schulfreundin nach Hause. (er)
59. Die Löwin füttert ............... Jungen. (sie)
60. Vergiss ja nicht ............... Geburtstag ! (es)
61. Die Freunde ............... Eltern kommen morgen. (wir)
62. Wer bat ............... Vase zerschlagen ? (ihr)
63. ................ Pullover ist beim Waschen eingegangen. (ich)
64. Auch ............... Bluse sieht nicht mehr gut aus. (du)
65. Hebt ............... Mütze auf ! (er)
66. Die Mädchen streichen ............... Möbel neu. (sie)
67. Wir möchten ............... Geld sparen. (wir)
68. Darf ich ............... Gedichte vorlesen ? (Sie)
69. Ihr seid euch ............... Sache sicher. (ihr)
70. Die Sportler trainieren ............... Körper sehr hart. (sie)
71. Der Biber baut ............... Damm. (er)
72. Morgens suche ich ............... Bürste und danach ............... Kamm. (ich)
73. Hast du ............... Aufgabe gemacht ? (du)
74. ................ Garten wird neu bepflanzt. (wir)
75. Wir kümmern uns um ............... Tiere. (ihr)
76. Ihr sollt ............... Getränke nicht austrinken ! (sie)
77. Werden wir ............... Zug noch erreichen ? (wir)
78. Ich möchte ............... Haus besichtigen. (Sie)
79 ................ Fest ist eine Überraschung ............... Schwester. (du, du)

# V Das Vorwort (lat. Präposition)

***Merke*: *Präpositionen*** *werden benötigt, um die* **Verhältnisse** *der Wörter; zwischen denen sich die Präposition befindet, festzulegen. Verwendet man eine Präposition in einem Satz, bestimmt diese immer (gemeinsam mit dem Verb) den Fall (***Kasus***) des Wortes, das ihr folgt.*

Im Folgenden werden die am häufigsten gebrauchten Präpositionen aufgelistet, und zwar nach den Fällen geordnet, die sie jeweils verlangen.

**Präpositionen, die den 2. Fall (Genitiv) verlangen:**
anlässlich, anstelle, aufgrund (auf Grund), außerhalb, bezüglich, diesseits, einschließlich, entlang, hinsichtlich, innerhalb, jenseits, kraft, mittels, oberhalb, seitens, statt, trotz, unterhalb, zwecks

**Präpositionen, die den 3. Fall (Dativ) verlangen:**
ab, aus, außer, bei, entgegen, gegenüber, gemäß, mit, nach, samt, seit, von, zu, zuwider

**Präpositionen, die den 4. Fall (Akkusativ) verlangen:**
betreffend, bis, durch, für, gegen, ohne, um, wider

**Präpositionen, die entweder den 2. Fall oder den 3. Fall verlangen:**
binnen, bis … zu, innerhalb, laut, mangels, ober, während, wegen

**Präpositionen, die entweder den 3. Fall oder den 4. Fall verlangen:**
an, auf, hinter, in, neben, über, unter, vor, zwischen
***Merke:*** *Wenn du nicht sicher bist, ob eine dieser Präpositionen den 3. oder 4. Fall verlangt, kannst du dir helfen, indem du entweder „wo“ oder „wohin“ fragst.*
Bsp.: Ich stelle die Vase auf den Tisch (Wohin ? 4. Fall)
Diese Vase steht auf dem Tisch (Wo ? 3. Fall)

***Merke:*** *Einige Präpositionen kann man auch mit dem Artikel verschmelzen.*

| | | |
|---|---|---|
| an dem … am | an das … ans | auf das … aufs |
| bei dem … beim | für das … fürs | in dem … im |
| in das … ins | von dem … vom | vor das … vors |
| zu dem … zum | zu der … zur | |

a) Erkenne nun die Präpositionen in den folgenden Sätzen und unterstreiche sie (Achtung: Nicht in jedem Satz ist eine enthalten !):

1. Er will immer mit dem Kopf durch die Wand.
2. Der Zug fährt von Salzburg nach Wien.
3. Die Maler stehen auf der Leiter.
4. Meine Schwester kommt gerade aus der Schule.
5. Das Haus steht diesseits des Flusses.
6. Heute spielen wir gegen eine gute Mannschaft.
7. Sie setzt sich zwischen zwei Stühle.
8. Ab diesem Zeitpunkt war Fred immer fleißig und korrekt.
9. Der Täter wurde kraft des Gesetzes verurteilt.
10. Ohne ihre Puppe schläft sie nicht ein.
11. Er macht sich um seine Freundin Sorgen.
12. Wir müssen uns bezüglich der Getränke entscheiden.
13. Gemäß Paragraph 10 unserer Heimordnung ist Tierhaltung verboten.
14. Ihr denkt oft an sie.
15. Ich nehme statt des Obstkuchens lieber eine Sachertorte.
16. „Dieses Geschenk ist für Sie."
17. Wo warst du während der Pause ?
18. Es befinden sich viele Schüler unter uns.
19. Der Tiger liegt innerhalb des Geheges.
20. Seitens der Gegner kommen keine Einwände.
21. Nach der Schularbeit sind die Schüler meistens müde.
22. Seit längerer Zeit gehen sie getrennte Wege.
23. Das Theater wird wegen des geplanten Umbaus gesperrt.
24. Alle Kühe grasen auf der Wiese.
25. Das Schwimmbad befindet sich außerhalb des Parks.
26. Deine Wünsche liegen jenseits der Erfüllbarkeit.
27. Liegt die Hütte oberhalb des Dorfes ?
28. Freitags geht meine Mutter auf den Markt.
29. Sie kauft Obst und Gemüse.
30. Die Gäste blieben trotz der Hitze auf der Terrasse.
31. Zu seinem Geburtstag bekommt Fred viele Geschenke.
32. Er muss sich zwischen den beiden Farben entscheiden.
33. Der Container wird zwecks Abfallbeseitigung aufgestellt.
34. Laut deiner Aussage wird das Wetter morgen schön.
35. Unser Nachbar fuhr samt seiner ganzen Familie auf Urlaub.
36. Der Prüfling sitzt gegenüber dem Lehrer.
37. Jede Stunde sieht sie auf die Uhr.
38. Die Kinder kümmern sich selbständig um ihr Haustier.

39. Sie kam nicht zu der vereinbarten Zeit.
40. Bei der nächsten Gelegenheit werde ich mit ihnen sprechen.
41. Der Lehrling handelte der Anweisung seines Chefs zuwider.
42. Nach einer kurzen Bedenkzeit gab sie ihre Zustimmung.
43. Das Ergebnis wird mittels einer Hochrechnung erstellt.
44. Ich fahre im Sommer nach Frankreich.
45. Im Postfach liegt ein Brief von dir.
46. Das Spiel wurde aufgrund des Regens unterbrochen.
47. Alle Hefte müssen bis nächste Woche abgegeben werden.
48. Es wird gerade deine Anfrage betreffend entschieden.
49. Binnen drei Jahren hat sich der Gewinn verdoppelt.
50. Laut technischem Gutachten ist die Anlage nicht gefährlich.
51. Wir mussten trotz starken Nebels weiterfahren.
52. Sie fiel mangels Kenntnissen bei der Prüfung durch.
53. Anlässlich des Jubiläums gab es ein großes Fest.
54. Sie bekam anstelle vieler Blumen ein Schmuckstück.
55. Einschließlich der letzten Gäste sind es nun zwanzig.
56. Außer der Braut sind alle Hochzeitsgäste anwesend.
57. Bei unserem letzten Treffen haben wir viel gesprochen.
58. Die Katze liegt auf der Lauer.
59. Sie schrieb ohne fremde Hilfe einen guten Aufsatz.
60. Kraft der Hausordnung darf man auf dem Balkon Wäsche aufhängen.
61. Der Lenker fuhr mit dem Auto gegen eine Mauer.
62. Seit einigen Tagen plagt sie schreckliche Übelkeit.
63. Alle Kinder gehen an diesem Morgen in die Schule.
64. Er denkt viel über sein Leben nach.
65. Hinsichtlich der Feier wurden bereits alle Vorbereitungen getroffen.
66. Bezüglich Ihrer Anfrage muss ich Sie leider enttäuschen !
67. Dieses Geschenk ist von ihr.
68. Ich bin gegen eine harte Strafe.
69. Zwischen den beiden Ländern herrscht Krieg.
70. Der Fotograf steht hinter der Säule.
71. Der Weg führte durch die Wüste.
72. Trotz seiner schlechten Erfahrungen gab er nicht auf.
73. Alle kamen, außer den beiden Mädchen.
74. Ich spiele gern Schach.
75. Das Flugzeug fliegt über den Wolken.
76. Sie blieb wegen ihres kranken Kindes zu Hause.
77. Fred lernt die Präpositionen.
78. Die Rechnung wurde mittels eines Schecks bezahlt.
79. Er ging ohne ein Wort hinaus.

b) Setze in den folgenden Sätzen hinter die jeweiligen Präpositionen die in Klammer stehenden Wörter und beachte dabei den richtigen Fall:

1. Die Autobahn musste wegen .................... gesperrt werden. (der Unfall)
2. Fred bekam anlässlich .................................. eine Uhr. (seine Firmung)
3. Außer ...................................... wurde niemand verletzt. (der Beifahrer)
4. Einschließlich .............................. sind wir fünf Personen. (die Kinder)
5. Die Arbeit sollte innerhalb ...................... erledigt werden. (eine Woche)
6. Ein Betrunkener lenkte trotz ............................ das Fahrzeug. (Verbot)
7. Die Besucher halten sich nicht außerhalb ................... auf. (der Garten)
8. Ab .................................... war die Stimmung gestört. (jener Moment)
9. Die Kritik richtet sich nicht gegen .......................................... . (du)
10. Ein schmaler Weg führt zu .................................................. . (der See)
11. Das Essen befindet sich auf ............................................... . (der Teller)
12. ..................... betreffend, wird der Brief weitergeleitet. (die Beschwerde)
13. Der Brand brach während ................................. aus. (eine Vorstellung)
14. Binnen ...................................... wird die Bahn repariert. (ein Monat)
15. Er wird binnen ................................ erscheinen. (wenige Augenblicke)
16. Das Geschirr fiel auf ................................................... . (der Boden)
17. Ich setze mich an ........................................................ . (der Tisch)
18. Die Badegäste liegen an ............................................. . (dieses Ufer)
19. Fred wartet hinter ........................................................ . (das Haus)
20. Wir besuchen anstelle ........................... die Ausstellung. (ein Konzert)
21. Meine Bodenvase steht neben ......................................... . (der Tisch)
22. Hinsichtlich ....................... kann ich dich beruhigen. (deine Einwände)
23. Niemand macht sich über ..................................................... lustig. (ihr)
24. Unterhalb ..................................... ist ein Schatz vergraben. (der Stein)
25. Wer musste unter ...................................... übernachten ? (die Brücke)
26. Die Forscher kommen aus ............................................ . (die Höhle)
27. Du kannst nicht mit ............................................ rechnen. (seine Hilfe)
28. Die Angestellte handelte .................................. zuwider. (ihr Auftrag)
29. Bitte, stelle die Schüssel hinter .................................. ! (die Kochtöpfe)
30. Die Ware muss bis .......................... geliefert werden. (nächster Monat)
31. Dein Nachbar kommt vor ........................................ an die Reihe. (ich)
32. Sie absolvierte die Übung innerhalb ................................ . (fünf Tage)
33. Innerhalb ............................... findest du schöne Statuen. (das Museum)
34. Er lehnte sich trotz ...................................... nach vorne. (die Warnung)
35. Die Fluggäste warten hinter ................................. . (die Absperrungen)
36. Er schiebt das Fahrrad hinter ...................................... . (der Schuppen)
37. Während ............................... gingen die beiden einkaufen. (die Pause)
38. Das Spiel wird aufgrund ............................... abgesagt. (der Schneefall)

39. Die Kinder stemmten sich gegen .......................................... . (die Tür)
40. Der Unfall passierte jenseits .............................................. . (die Piste)
41. Innerhalb ................................ ist das Rauchen verboten. (das Gebäude)
42. Es wurde während ................................ laut gesprochen. (der Vortrag)
43. Laut ................................ ist der Tunnel heute gesperrt. (seine Aussage)
44. Liegt der Irrtum bei ........................... oder bei ...................... ? (du, ich)
45. Die Luft wird oberhalb ...................... dünner. (die Schneefallgrenze)
46. Außer ................................... ist ihr nichts geblieben. (die Erinnerung)
47. Aufgrund ................................ wurde der Mann verhaftet. (die Anzeige)
48. Das Schloss wurde durch ................................. zerstört. (ein Erdbeben)
49. Bezüglich ......................... erhalten Sie meine Antwort. (Ihr Schreiben)
50. Laut ...................... des Polizisten wurde niemand verletzt. (der Bericht)
51. Laut ......................... ist der Festgenommene unschuldig. (ihre Aussage)
52. Fred ist ab .......................................... wieder ansprechbar. (dieser Tag)
53. In ............................................. ist es warm und gemütlich. (der Stall)
54. Nach dem Rühren kommt der Teig in ................................ . (der Ofen)
55. Ich bin ganz außer ....................................................................... . (ich)
56. Die Flasche befindet sich außerhalb ........................ . (deine Reichweite)
57. Gegenüber ......................................... ist sie sehr offen. (ihre Freundin)
58. Kraft ............................ erkläre ich Sie zu Mann und Frau. (mein Amt)
59. Nach ................................................ gingen sie essen. (der Kinobesuch)
60. Sie erhielt das Geld entgegen ................................ nicht. (seine Zusage)
61. Sie mögen einander seit ................................... . (das erste Gespräch)
62. Meine Eltern kaufen ein Geschenk für ........................................ . (ich)
63. Sie meldet sich sehr selten bei ......................................................... . (er)
64. Der Dieb wird mangels ............................ freigesprochen. (ein Beweis)
65. In ........................................ gehen wir oft baden. (die Sommermonate)
66. Der Käufer entschied sich für ..................................... . (ein Ledersofa)
67. Mein Vater steht neben ................................................... . (sein Auto)
68. Bitte stelle den Sessel neben ................................ ! (der Schreibtisch)
69. Gegen ................................ des Arztes ging sie schwimmen. (der Rat)
70. Wir werden uns bezüglich ............................... melden. (dein Angebot)
71. Er schickte ihr durch ............................. schöne Blumen. (ein Bote)
72. Die Vaterschaft wurde mittels ............................... festgestellt. (ein Test)
73. Ich ging vor ......................... durch ........................ . (der Mann, die Tür)
74. Unser Direktor wohnt genau gegenüber ........................... . (die Schule)
75. Wir bitten unsere Mutter um ............................................ . (ihre Hilfe)
76. Oma geht niemals ohne ............................ aus dem Haus. (ein Schirm)
77. Die Familie fährt zwischen ......................... auf Urlaub. (die Feiertage)
78. Meine Eltern reden über .............................. eines Hauses. (der Kauf)
79. Der Dachboden befindet sich über .............................. . (die Mansarde)

80. Die Vase bekam einen Platz neben ............................ . (die Kommode)
81. Sie stieß mit ...................... gegen .................... . (der Kopf, eine Kante)
82. Vor .................................... fährt ein blauer Sportwagen. (unser Auto)
83. Ich stelle den Liegestuhl unter .................................... . (der Baum)
84. Der Hund liegt unter ................................................ . (der Tisch)
85. Er wendet sich immer an ............................................ . (sein Lehrer)
86. Sie handeln gemäß ............................................ . (die Vorschriften)
87. Während ........................................ hat es viel geschneit. (der Winter)
88. Die Anlage wird diesseits ................................... errichtet. (der Fluss)
89. Er macht sieh immer Sorgen um ................................ . (sein Sohn)
90. Unsere Hecke wächst entlang ...................................... . (die Mauer)
91. Die schönsten Blumen blühen außerhalb ....................... . (der Garten)
92. Wir gehen vor ............................................................. . (die Tür)
93. Die Kinder haben Angst vor ...................................... . (die Schlange)
94. Sie nimmt ein Medikament gegen ................................ . (die Grippe)
95. Oberhalb ......................... findest du eine große Wiese. (der Spielplatz)
96. Wir setzen uns an ...................................................... . (der Tisch)
97. Wegen .................................. habe ich mich verspätet. (ein Gespräch)
98. Die Bergsteiger klettern auf ........................................ . (der Gipfel)
99. Ich gehe mit .................................... gern wandern. (meine Freunde)
100. Trotz ............................................ fror sie sehr. (die warme Kleidung)
101. Sie entschied sich wider ......................................... . (ihr Gewissen)
102. Gestern bin ich in ..................................... angekommen. (mein Hotel)
103. Dies ist eine Sache zwischen ..................... und ....................... . (du, er)
104. Die Wahrheit liest du zwischen ................................... . (die Zeilen)
105. Aus ........................................................ drang ein Schrei. (die Tiefe)
106. Es gab seitens ................................ keine Einwände. (meine Familie)
107. Sie bekam aufgrund .......................................... viel Geld. (eine Wette)
108. Die Dokumente wurden zwecks .......................... benötigt. (die Heirat)
109. Der Taucher schwamm an ............................................ . (das Ufer)
110. Die Kinder wurden nach ...................... wieder abgeholt. (eine Stunde)
111. Er steht vor ...................... innerhalb .................... . (die Bank, der Park)
112. Statt ............................................. erntete sie nur Kritik. (ein Lob)
113. Die Besucher standen vor .............................................. . (ein Tor)
114. Der Lehrer fuhr samt ............................... nach Italien. (seine Schüler)
115. Ein Ölteppich schwimmt auf ....................................... . (das Wasser)
116. Sie wohnt schon seit ............................ bei ................ . (einige Zeit, er)
117. Wir müssen bis ....................................... warten. (kommender Freitag)
118. Ich wünsche mir mehr Verständnis von ............................... . (sie/EZ)
119. Die Laterne steht genau neben ..................................... . (der Baum)
120. Fred ist in ......................................... verwickelt. (die Angelegenheit)

## VI Das Eigenschaftswort (lat. Adjektiv)

***Merke:*** *Das* ***Adjektiv*** *wird verwendet, um zu* ***beschreiben****, wie etwas ist oder auf welche* ***Art*** *und* ***Weise*** *es vor sich geht. Es bezieht sich normalerweise auf das Nomen im Satz und deshalb müssen die beiden auch vom* ***Sinn*** *her zusammenpassen.*

a) Unterstreiche in den folgenden Sätzen die jeweiligen Adjektive (Achtung: In manchen Sätzen können mehrere vorkommen, in anderen wiederum gar keines !):

1. Wir wohnen in einem gemütlichen Haus.
2. Die Prüfung war nicht schwierig.
3. Wir sehen im Kino einen interessanten Film an.
4. Meine Schwester und ich gehen oft ins Freibad.
5. Dieses Theaterstück eignet sich für große und kleine Kinder.
6. Ein wertvoller und teurer Schmuck liegt im Schaufenster.
7. Seine Freundin hat lange, blonde Haare.
8. Ist dein Vater ein reicher, berühmter Mann ?
9. Das Wetter ist heute nicht schön.
10. Schnelles Essen ist ungesund.
11. Ich finde dieses Zimmer dunkel und ungemütlich.
12. Mein Vater isst jeden Tag einen Apfel.
13. Fred war heute schon fleißig.
14. Gib mir bitte den blauen Stift !
15. Mein Bruder geht jeden Morgen zur Schule.
16. Warum bist du so böse ?
17. Auf den hohen Klippen steht ein alter Leuchtturm.
18. Die Felder des Schachbretts sind schwarz und weiß.
19. Wenn es finster wird, fürchte ich mich im dunklen Wald.
20. Das kleine Mädchen sieht blass und krank aus.
21. Im Regal steht ein altes, verstaubtes Buch.
22. Eine gebrechliche Dame überquert die gefährliche Straße.
23. Wir sitzen am Nachmittag im Garten.
24. Die Treppe in unserem Haus ist steil und schmal.
25. Ein Maler streicht die Wand weiß.
26. Mein fauler Bruder sollte mehr lernen.
27. Vom vielen Essen wird man dick und träge.
28. Wo sind meine roten Schuhe ?
29. Ich sitze auf der Terrasse und trinke eine kühle Limonade.

30. Im Winter ist es oft kalt.
31. Wo bekommt man wertvolles Porzellan zu kaufen ?
32. Wir verbrachten ein wunderschönes Wochenende in Salzburg.
33. Nimm dir einen roten Apfel, keinen grünen !
34. Ich bade gern im kalten, klaren Wasser.
35. Seit sie so zugenommen hat, sitzen alle Kleidungsstücke knapp.
36. Woher kommen diese lauten Geräusche ?
37. Zum Frühstück gibt es ein knuspriges Hörnchen.
38. Warum sind Bananen gelb und krumm ?
39. Dieses Kleid ist nicht modern, sondern altmodisch.
40. Vor dem Einschlafen schmökert meine Mutter immer in einem Buch.
41. Als wir meine Schwester besuchen wollten, schlief sie schon fest.
42. Meine lustige Oma behauptet, von Spinat werde man groß und stark.
43. Die Kinder fanden die Geburtstagstorte unwiderstehlich.
44. Meine Bekannte verabscheut gierige Menschen.
45. Läuft im Kino momentan ein gruseliger Streifen ?
46. Mein Hund ist ein treuer Freund.
47. Die Waschmaschine macht einen fürchterlichen Lärm.
48. Für ihr Alter ist meine Mutter noch sehr jugendlich.
49. Ihr Nudelauflauf schmeckt köstlich.
50. Unsere Freunde nahmen Abschied.
51. Dieser Saft ist kalt und schmeckt bitter.
52. Die verschmierten Fenster werden geputzt.
53. Wir hören eine spannende Geschichte.
54. Komme niemals mit schmutzigen Fingern zum Essen !
55. Der heiße Tee schmeckt sehr aromatisch.
56. Es ist nie zu spät, sein Unrecht einzusehen.
57. Die beiden begrüßten einander herzlich.
58. Der Schüler arbeitet konzentriert an der genauen Zeichnung.
59. Romantische Filme stimmen meine Freundin immer traurig.
60. Jeden Sommer unternehmen wir eine lange Reise.
61. Heute gibt es zu Mittag eine schmackhafte Gemüsesuppe.
62. Fred wünscht sich ein neues Fahrrad.
63. Die Wellen waren hoch und bedrohlich.
64. Meine Freundin kümmert sich rührend um ihren Großvater.
65. Diese Landstraße ist steil und kurvig.
66. Ich mag keine Menschen, die grausam zu Tieren sind.
67. Meine Tante ist ein sehr hilfsbereiter Mensch.
68. Wann kommen die Gäste ?
69. Das Unfallopfer wurde nur leicht verletzt.
70. Ihr Freund trägt gern ein blau-gelbes Hemd.

b) Prüfe nun, ob die folgenden Adjektive zu dem jeweiligen Nomen passen (d. h. einen Sinn ergeben), und streiche die falschen Kombinationen durch:

1. der durstige Junge
2. das hungrige Buch
3. ein langweiliges Abenteuer
4. die blutjunge Greisin
5. das ohrenbetäubende Geflüster
6. ein voller Bauch
7. eine fleißige Ameise
8. der stumme Redner
9. das heftige Gewitter
10. die vollständige Sammlung
11. das freundliche Messer
12. ein gutherziger Bösewicht
13. eine schaurige Geschichte
14. die unterhaltsamen Spiele
15. der scharfe Zucker
16. ein berühmter Sportler
17. die blitzschnellen Schnecken
18. ein hübsches Brautkleid
19. die faulen Bienen
20. die friedlichen Tiere
21. der treue Hund
22. die gelungene Feier
23. eine reife Beere
24. ein vermögender Armer
25. die kurze Hose
26. das seichte Wasser
27. das heiße Eis
28. ein geräumiges Zimmer
29. eine kurze Pause
30. ein helles Dunkel
31. ein lustiger Honig
32. die fähigen Arbeiter
33. die alten Kinder
34. ein kahler Kopf
35. das blaue Schaf
36. das leere Fass
37. der erholsame Stress
38. ein erfolgreicher Mann
39. ein gutes Beispiel
40. die kalte Hitze
41. der brave Schüler
42. der schlaue Fuchs
43. die sauren Kirschen
44. ein ungepflegter Bart
45. die würzige Bergluft
46. eine hölzerne Bühne
47. der geschickte Tollpatsch
48. die glückliche Ehe
49. ein ehrlicher Betrüger
50. das dichte Dach

51. der gesunde Kranke
52. der dankbare Gast
53. die fröhlichen Trauernden
54. ein scheues Reh
55. das grüne Blut
56. das leise Gebrüll
57. das angenehme Leben
58. eine gerade Linie
59. das saftige Trockenfutter
60. die herrliche Natur
61. die blonde Frau
62. die freien Gefangenen
63. die haltbare Milch
64. ein beliebter Schauspieler
65. eine genaue Zeichnung
66. die frostigen Tropen
67. der große Druck
68. die netten Geschenke
69. die trockene Nässe
70. ein schmackhafter Apfel
71. ein dichter Verkehr
72. die stürmische Torte
73. das gelbe Eiweiß
74. das morsche Holz
75. der reiche Bettler
76. der eisige Radioapparat
77. eine zerbrechliche Vase
78. ein gerechtes Urteil
79. der federleichte Elefant
80. das gemütliche Wirtshaus
81. ein freier Platz
82. die leere Kasse
83. die teuren Autos
84. ein öliges Mehl
85. der hohe Preis
86. der intelligente Schüler
87. das volle Fass
88. die warme Kälte
89. ein riesiger Zwerg
90. eine lange Geschichte
91. das gesunde Rauschgift
92. die tolle Leistung
93. das rohe Fleisch
94. ein heißes Gewitter
95. ein kleines Baby
96. der ansteckende Husten
97. der langsame Raser
98. die ordentlichen Menschen
99. eine trockene Flüssigkeit
100. ein kräftiger Ringer
101. der sanfte Raufbold
102. die uralte Neuheit
103. ein scharfes Gewürz
104. die bittere Not

***Merke:** Das **Adjektiv** wird oft als Beifügung (**Attribut**) gebraucht. Das bedeutet, es wird dem Nomen „beigefügt".*

Bsp.: Er bekommt eine **neue** Tasche.

*Dabei ist zu beachten, dass sich das Adjektiv in Geschlecht (**Genus**), Zahl (**Numerus**) und Fall (**Kasus**) nach dem Wort richtet, auf welches es sich bezieht; es wird daher **gebeugt** und verändert dadurch seine Form. Du unterscheidest grundsätzlich zwischen starker, schwacher und gemischter Beugung. Das Adjektiv wird **schwach** gebeugt, wenn ein bestimmter Artikel **davor** steht. Ist dies nicht der Fall, wird es **stark** gebeugt. Steht vor dem Adjektiv ein unbestimmter Artikel, **ein** bzw. **kein** oder ein Possessivpronomen, wird das Adjektiv gebeugt.*

**Starke Beugung**

| *männlich* | *weiblich* | *sächlich* |
|---|---|---|
| kleiner Hund | kleine Tasche | kleines Kind |
| kleinen Hundes | kleiner Tasche | kleinen Kindes |
| kleinem Hund | kleiner Tasche | kleinem Kind |
| kleinen Hund | kleine Tasche | kleines Kind |
| kleine Hunde | kleine Taschen | kleine Kinder |
| kleiner Hunde | kleiner Taschen | kleiner Kinder |
| kleinen Hunden | kleinen Taschen | kleinen Kindern |
| kleine Hunde | kleine Taschen | kleine Kinder |

**Schwache Beugung**

| *männlich* | *weiblich* | *sächlich* |
|---|---|---|
| der kleine Hund | die kleine Tasche | das kleine Kind |
| des kleinen Hundes | der kleinen Tasche | des kleinen Kindes |
| dem kleinen Hund | der kleinen Tasche | dem kleinen Kind |
| den kleinen Hund | die kleine Tasche | das kleine Kind |
| die kleinen Hunde | die kleinen Taschen | die kleinen Kinder |
| der kleinen Hunde | der kleinen Taschen | der kleinen Kinder |
| den kleinen Hunden | den kleinen Taschen | den kleinen Kindern |
| die kleinen Hunde | die kleinen Taschen | die kleinen Kinder |

**Gemischte Beugung**

| *männlich* | *weiblich* | *sächlich* |
|---|---|---|
| mein kleiner Hund | eine kleine Tasche | kein kleines Kind |

c) Beuge das vorgegebene Adjektiv richtig:

1. Heute gab es ........................ Torten und ........................ Kaffee. (süß, heiß)
2. Fred liest die Schularbeit eines ........................ Schülers vor. (talentiert)
3. Der Kellner bedient einen ........................ Gast. (unverschämt)
4. Ich habe Angst vor ........................ Autofahrern. (rasant)
5. Sie klauben die ........................ Äpfel vom Boden auf. (reif)
6. Wir haben eine ........................ Mutter. (gut)
7. Die Kühe stehen auf der ........................ Wiese. (feucht)
8. Ich mag kein ........................ Fleisch. (fett)
9. Der König erhält eine ........................ Botschaft. (geheim)
10. Für seine Heldentat erntete er nur ........................ Undank. (grob)
11. Wir wünschen euch ein ........................ Leben. (glücklich)
12. Dieser Film ist für ........................ Kinder geeignet. (klein)
13. Meine Schwester kauft oft ........................ Kleider ein. (hübsch)
14. Unser Bauer hat gern ........................ Boden unter sich. (fest)
15. Der Anwalt vermittelt in einer ........................ Angelegenheit. (schwierig)
16. Ein Reiter sitzt auf seinem ........................ Pferd. (feurig)
17. ........................ Menschen sind nicht dick. (sportlich)
18. Er wurde Vater eines ........................ und ........................ Kindes. (groß, kräftig)
19. Für diese ........................ Prüfung brauchst du einen ........................ Kopf. (lang, klar)
20. Viele Tiere leben in ........................ Wildbahn. (frei)
21. Das Publikum bewundert den ........................ Clown. (komisch)
22. Mein Bruder interessiert sich für ........................ Bauwerke. (alt)
23. Ich lese gerade ein ........................ , ........................ Buch. (spannend, lehrreich)
24. Wir machen einen ........................ Spaziergang durch den ........................ Wald. (schön, grün)
25. Seid ihr auf einem ........................ Weg gewandert ? (steinig)
26. Der Lehrer wartet auf die Antwort des ........................ Schülers. (brav)
27. Im Schaufenster liegen ........................ Schmuckstücke. (kostbare)
28. Während ihrer ........................ Reise lässt sie sich ........................ Wind um die Nase wehen. (abenteuerlich, frisch)
29. Auf eine ........................ Frage erwarte ich eine ........................ Antwort. (freundliche, höflich)
30. ........................ Zucker eignet sich für diese ........................ Mehlspeise. (fein, gut)

31. Das Kind pflückt eine .......................... Erdbeere und legt sie in den .......................... Korb. (rot, klein)
32. In diesem Schigebiet findest du nur .......................... , .......................... Pisten. (steil, unwegsam)
33. Er ist auf diesem .......................... Güterweg gestürzt. (holprig)
34. Unser Direktor mag .......................... Schüler nicht. (vorlaut)
35. Ein .......................... Schrei durchdrang die .......................... Stille. (schrill, unheimlich)
36. Sie schrieb mit .......................... Gesichtsausdruck. (konzentriert)
37. Das Fell des .......................... Tieres wies eine .......................... Stelle auf. (krank, kahl)
38. Reiche mir bitte den .......................... Ordner ! (blau)
39. Die .......................... und .......................... Tiere werden vom .......................... Pfleger gefüttert. (hungrig, durstig, fleißig)
40. Wir fahren mit unserem .......................... Auto auf einer .......................... Straße. (gelb, breit)
41. Du ärgerst dich über diesen .......................... Sommer. (regnerisch)
42. Der Koch benötigt für das .......................... Gericht .......................... Gemüse und .......................... Pfeffer. (schmackhaft, frisch, scharf)
43. Ein .......................... Löwe liegt im .......................... Käfig. (wild, eng)
44. Der .......................... Professor schreibt an seinem .......................... Werk. (intelligent, wichtig)
45. Eine .......................... Spende hilft den .......................... Kindern. (großzügig, arm)
46. Der Arzt betreut den .......................... Patienten. (verletzt)
47. Jedes Jahr reist mein .......................... Onkel zu einer .......................... Sehenswürdigkeit. (gescheit, bekannt)
48. Sie freuen sich auf einen .......................... Abend. (gemütlich)
49. Die .......................... Putzfrau schrubbt den .......................... Boden. (eifrig, schmutzig)
50. Der Klassenvorstand beruhigt die .......................... und .......................... Eltern. (besorgt, aufgeregt)
51. Viele Touristen machen nach ihrer .......................... Besichtigung eine .......................... Pause. (lang, kurz)
52. Wo befinden sich die .......................... Geschäfte ? (elegant)
53. Meine .......................... Freundin passt in ihren .......................... Rock nicht mehr hinein. (schlank, eng)
54. An .......................... Tagen gehen wir immer in die .......................... Eisdiele. (heiß, romantisch)
55. Reiche mir bitte den .......................... Handschuh, damit ich die .......................... Rosen abschneiden kann ! (fest, dornig)

> ***Merke:*** *Adjektive verwendet man auch, um Vergleiche zu ziehen.*
> *Zu diesem Zwecke wird das Adjektiv „gesteigert“. Du unterscheidest zwischen Grundstufe (**Positiv**), Mehrstufe (**Komparativ**) und Meiststufe (**Superlativ**).*
> Bsp.: schnell – schneller – am schnellsten

d) Setze das jeweils fehlende Adjektiv in der richtigen Steigerung ein:

| | | | |
|---|---|---|---|
| 1. | gut | ........................ | am besten |
| 2. | ........................ | schneller | am schnellsten |
| 3. | laut | lauter | ........................ |
| 4. | alt | ........................ | am ältesten |
| 5. | ........................ | gesünder | am gesündesten |
| 6. | schmal | schmaler/schmäler | ........................ |
| 7. | appetitlich | ........................ | am appetitlichsten |
| 8. | ........................ | schwächer | am schwächsten |
| 9. | mächtig | mächtiger | ........................ |
| 10. | arg | ........................ | am ärgsten |
| 11. | ........................ | schöner | am schönsten |
| 12. | gierig | gieriger | ........................ |
| 13. | arm | ........................ | am ärmsten |
| 14. | ........................ | schwerer | am schwersten |
| 15. | mild | milder | ........................ |
| 16. | bedenklich | ........................ | am bedenklichsten |
| 17. | ........................ | stärker | am stärksten |
| 18. | grob | gröber | ........................ |
| 19. | begabt | ........................ | am begabtesten |
| 20. | ........................ | steiler | am steilsten |
| 21. | modern | moderner | ........................ |
| 22. | beliebt | ........................ | am beliebtesten |
| 23. | ........................ | süßer | am süßesten |

| | | |
|---|---|---|
| 24. groß | größer | ...................... |
| 25. bequem | ...................... | am bequemsten |
| 26. ...................... | verbindlicher | am verbindlichsten |
| 27. nass | nasser/nässer | ...................... |
| 28. billig | ...................... | am billigsten |
| 29. ...................... | verdächtiger | am verdächtigsten |
| 30. hart | härter | ...................... |
| 31. bitter | ...................... | am bittersten |
| 32. ...................... | vermögender | am vermögendsten |
| 33. blass | blasser/blässer | ...................... |
| 34. neu | ...................... | am neuesten |
| 35. ...................... | weicher | am weichsten |
| 36. hoch | höher | ...................... |
| 37. breit | ...................... | am breitesten |
| 38. ...................... | weniger | am wenigsten |
| 39. jung | jünger ...................... | |
| 40. brav | ...................... | am bravsten |
| 41. ...................... | wütender | am wütendsten |
| 42. ölig | öliger | ...................... |
| 43. deutlich | ...................... | am deutlichsten |
| 44. ...................... | zarter | am zartesten |
| 45. kalt | kälter | ...................... |
| 46. dick | ...................... | am dicksten |
| 47. ...................... | anständiger | am anständigsten |
| 48. ordentlich | ordentlicher | ...................... |
| 49. dumm | ...................... | am dümmsten |
| 50. ...................... | bekannter | am bekanntesten |
| 51. klug | klüger | ...................... |
| 52. durstig | ...................... | am durstigsten |

| | | |
|---|---|---|
| 53. ........................ | feiner | am feinsten |
| 54. krank | kranker/kränker | ........................ |
| 55. eng | ........,............... | am engsten |
| 56. ...................... | glücklicher | am glücklichsten |
| 57. reich | reicher | ........................ |
| 58. fad | ........................ | am fadesten |
| 59. ........................ | kleiner | am kleinsten |
| 60. kurz | kürzer | ........................ |
| 61. fähig | ........................ | am fähigsten |
| 62. ........................ | kühler | am kühlsten |
| 63. rein | reiner | ....................... |
| 64. faul ........................ | am faulsten | |
| 65. ........................ | niederer/niedriger | am niedrigsten |
| 66. lang | länger | ........................ |
| 67. fest | ........................ | am festesten |
| 68. ........................ | lieber | am liebsten |
| 69. fromm | frommer/frömmer | ........................ |
| 70. sauber | ........................ | am saubersten |
| 71. ........................ | schwieriger | am schwierigsten |
| 72. leise | leiser | ........................ |
| 73. gebildet | ........................ | am gebildetsten |
| 74. ........................ | teurer | am teuersten |
| 75. scharf | schärfer | ........................ |
| 76. gefährlich | ........................ | am gefährlichsten |
| 77. ........................ | mehr | am meisten |

e) Untersuche, welche Stufe im jeweiligen Satz verwendet wurde, und schreibe sie auf:

1. Fred ist in Latein am besten. ........................................
2. Er beschäftigt nur die kräftigsten Männer. ........................................
3. Das Kind war scheuer als gewöhnlich. ........................................
4. Unser Lehrer ist nachgiebiger als eurer. ........................................
5. An dieser Stelle ist das Wasser am saubersten. ........................................
6. Die Mädchen sind reifer als die Buben. ........................................
7. Alle Zeichnungen sind ordentlich. ........................................
8. Mein Luftballon fliegt am höchsten. ........................................
9. Das Neugeborene ist gesund und munter. ........................................
10. Heute war die Prüfung leichter. ........................................
11. Für Obst verwende ich das schärfste Messer. ........................................
12. Jeden Tag kommt ein neuer Briefträger zu uns. ........................................
13. Die Musik war lauter als erwartet. ........................................
14. Auf dem Markt ist das Gemüse am frischesten. ........................................
15. Wen hast du lieber ? ........................................
16. Ein moderner Gebäudekomplex wird gebaut. ........................................
17. Australien ist weit von Europa entfernt. ........................................
18. Unser Freund glaubt, er sei am klügsten. ........................................
19. Mit dieser Brille sehe ich klarer. ........................................
20. Er benimmt sich wie ein wilder Stier. ........................................
21. Mein Haar ist lockiger als deines. ........................................
22. Ein schöner Garten ist viel wert. ........................................
23. Dein Nachbar ist der rasanteste Schifahrer. ........................................
24. Sie hat eine höhere Stimme als du. ........................................
25. Ich finde den Nordpol am kältesten. ........................................
26. Sein Aufsatz ist kurz und spannend. ........................................
27. Die Schauspielerin trägt das teuerste Kleid. ........................................
28. Bei uns fehlt ein fähiger Schulsprecher. ........................................
29. Zu Würsteln gehört ein guter Senf. ........................................
30. Das Holz ist modriger, als wir dachten. ........................................
31. Meine Buben sind am schlimmsten. ........................................
32. Ich absolviere diese Übung schneller als du. ........................................
33. Wo ist es am aufregendsten ? ........................................
34. Wir alle hoffen auf besseres Wetter. ........................................
35. Meine beste Freundin lebt hier. ........................................
36. In unserer Familie bin ich am jüngsten. ........................................
37. Heute ist ein schöner Tag. ........................................

***Merke:** Vergleicht man Personen, Tiere oder Gegenstände miteinander, gebraucht man bei Ungleichheiten das Wort **als** und bei Gleichheit **wie**.*

f) Setze nun in den folgenden Sätzen „wie“ oder „als“ ein:

1. Fred ist in der Schule gleich gut ........ sein Bruder.
2. Dieser Senf ist milder ........ der vom letzten Mal.
3. Sie sollten genauso viel arbeiten ........ Ihre Kollegen.
4. Heuer bleiben wir länger in Italien ........ letztes Jahr.
5. Die Rosen sind so schön ........ nie zuvor.
6. Deine Halskette war sicher teurer ........ dein Ring.
7. Unser König ist nicht mächtiger ........ der Präsident.
8. Schokoladentorte hat er lieber ........ Obstkuchen.
9. Das Wetter war gestern nicht so regnerisch ........ heute.
10. Wer reicher ....... die anderen ist, muss deswegen nicht glücklicher sein.
11. Euer Obst ist reifer ........ das im Supermarkt.
12. Schiefer, ........ er jetzt schon ist, kann der Turm in Pisa nicht werden.
13. Man sollte nicht immer versuchen, besser ........ die anderen zu sein.
14. Ich möchte heute ein kühleres Bier ........ gestern.
15. Niemand ist so genusssüchtig ........ du.
16. Unser Urlaub war fast so schön ........ damals.
17. Wir besuchen die Messe öfter ........ unsere Nachbarn.
18. Alles geschieht nicht immer so, ........ man es sich wünscht.
19. Der Tenor sang ebenso laut ........ der Bass.
20. Er sollte morgen schöner schreiben ........ bei der letzten Schularbeit.
21. Der Wind ist heute stärker ........ sonst.
22. Findest du den Film langweiliger ........ die gestrige Party ?
23. Der Schmerz war längst nicht so schlimm, ........ ich erwartet hatte.
24. Heute beginnt der Unterricht später ........ gewöhnlich.
25. Die Schüler sind ordentlicher ........ die der Nachbarklasse.
26. Er freut sich über deinen Besuch genauso ........ ich.
27. Ist dieser Pudding süßer ........ der Obstsalat ?
28. Du findest bunte Tapeten fröhlicher ........ graue.
29. Ich möchte, dass alles wieder genauso wird ........ früher.
30. Glaub ja nicht, dass du stärker bist ........ Fred !
31. Im Süden ist es wärmer ........ hier.
32. Geld ist schneller ausgegeben ........ verdient.
33. Dieser Esel ist genauso stur ........ du.
34. Ich denke nicht, dass der Wein besser schmeckt ........ der Saft.
35. Im Bad ist es nicht so kalt ........ im Wohnzimmer.
36. Diese Laufstrecke ist länger ........ die in unserem Wald.

## VII Die Satzglieder

***Merke:*** *Jeder Satz setzt sich aus verschiedenen **Bausteinen** zusammen. Diese Bausteine bezeichnet man als **Satzglieder**. Sie bestehen aus einem oder mehreren Wörtern, die nach ihrem Sinn bzw. nach ihrer Konstruktion zusammengehören.*
*Um feststellen zu können, was ein Satzglied ist und welche Wörter miteinander das Satzglied bilden, bedient man sich der so genannten **Verschiebeprobe**. Das bedeutet: Was sich in einem Satz **gemeinsam verschieben** lässt, bildet ein Satzglied.*

Bsp.:
**Jeden Morgen / fahre / ich / mit meinem Fahrrad / zur Schule.**
Zur Schule / fahre / ich / mit meinem Fahrrad / jeden Morgen.
Mit meinem Fahrrad / fahre / ich / jeden Morgen / zur Schule.
Ich / fahre / zur Schule / mit meinem Fahrrad / jeden Morgen.
Jeden Morgen / fahre / ich / zur Schule / mit meinem Fahrrad.
Ich / fahre / mit meinem Fahrrad / jeden Morgen / zur Schule,
Zur Schule / fahre / ich / jeden Morgen / mit meinem Fahrrad,
Mit meinem Fahrrad / fahre / ich / zur Schule / jeden Morgen.

*Wie man an diesem Beispiel sieht, lassen sich – bis auf das **zweite** Satzglied – alle Bausteine des Satzes mühelos verschieben, ohne dass der Satz seinen Sinn bzw. seine Aussage verliert.*

a) Erkenne nun in den nachfolgenden Sätzen die verschiedenen Satzglieder und trenne sie durch Striche. Nimm die Verschiebeprobe zu Hilfe, wenn du nicht sicher bist !

1. Am Sonntag isst meine Familie immer im Freien.
2. Der neue Lehrer machte mit seinen Schülern eine Exkursion.
3. Jeden Tag kommt sie um sechs Uhr in der Früh aus dem Bad.
4. Letzten Samstag waren meine Freunde im Kino.
5. Immer helfen die guten Ärzte unseres Krankenhauses den Patienten.
6. Alle Affen des Zoos bekommen jeden Morgen frisches Obst.
7. Viele Zuschauer bewundern täglich den mutigen Akrobaten.
8. In größeren Mengen schadet Alkohol der Gesundheit.
9. Mit Erfolg verteidigte der ehrgeizige Anwalt den Angeklagten.

10, Eine morgendliche Dusche steigert die gute Laune jedes Einzelnen.

11. Der Bäcker liefert um halb sieben das frische Brot in die Geschäfte.
12. Mehrere Stunden am Tag schreibt die Autorin an ihrem Buch.

13. Manche Arbeiter fahren in der Früh mit dem Bus zur Arbeit.
14. Die Buben spielen gern auf dem Sportplatz mit dem Ball.
15. Früher ließen die Männer ihre Bärte beim Friseur rasieren.
16. In dem neuen Opernhaus sang der Tenor die große Titelrolle.
17. Die fleißigen Bauern versorgen die Bevölkerung mit Nahrungsmitteln.
18. Ein bekannter Baumeister errichtete voriges Jahr ein neues Gebäude.
19. Der geschickte Elektriker montiert in unserem Haus eine Anlage.
20. Heuer macht die Ernte den Bauern unserer Region viel Freude.
21. Geräuschlos fliegt die Eule durch den nächtlichen Wald.
22. Zwei Mechaniker reparieren in der Werkstatt den Auspuff des Autos.
23. Die herrlichen Blüten duften berauschend im Park unserer Stadt.
24. Zu jeder Jahreszeit genießen die Stadtbewohner Ausflüge ins Grüne.
25. Ein Fußgänger überquerte die Straße an einer unübersichtlichen Stelle.
26. Die guten Bergsteiger bezwangen gestern den höchsten Berg der Welt.
27. Alle Futtervorräte für das Vieh waren heuer bald verbraucht.
28. Der starke Frost im März schadete der Natur sehr.
29. Eine trockene Garage verhindert das baldige Rosten des Autoblechs.
30. Die Kinder schwenken die Fähnchen zu Ehren des Künstlers.
31. Seine Bezahlung richtet sich immer nach der Leistung der Mitarbeiter.
32. Im Labor roch das Gas intensiv nach faulen Eiern.
33. Wir übergaben das wertvolle Gepäck den besorgten Besitzern.
34. Diese jungen Männer dienten einige Monate beim Heer.
35. Viele Zuseher merkten sich das interessante Gesicht des Musikers.
36. Ohne ersichtlichen Grund erteilte man ihm eine Absage.
37. An dieser Haltestelle passieren zum Glück niemals Unfälle mit Gästen.
38. Den Ausgang des Länderspiels verfolgten viele Anhänger.
39. Meine Hand heilt nach der schweren Verletzung nur sehr langsam.
40. Jene neuen Häuser verloren durch die schlechte Luft an Wert.
41. Dieser riesige Hafen gehört zu den größten der Welt.
42. Impfungen retteten schon manchem Menschen das Leben.
43. Der Imbiss schmeckte allen anwesenden Schülern sehr gut.
44. Mein schwarzer Hund spielt den ganzen Tag im Garten.
45. Am Abend brachte der Eilbote pünktlich den wichtigen Brief.
46. Die Mutter bringt jeden Tag ihre Kinder mit dem Auto zur Schule.
47. Ein gutes Buch bereitet dem Leser oft viel Vergnügen.
48. Im Herbst begleitet der ausgezeichnete Dolmetscher eine Reisegruppe.
49. Auf dem orientalischen Markt kaufte ich jede Menge süßer Datteln.
50. Früher litten auch bekannte Künstler an Hunger.
51. Intelligente Delphine halfen schon vielen kranken Kindern.
52. Der gerechte Chef lobt immer seinen verlässlichen Sekretär.
53. Fred fährt jedes Wochenende zu Freunden auf das Land.

***Merke:*** *Es gibt noch eine weitere Möglichkeit, um feststellen zu können, welche Wörter gemeinsam ein Satzglied bilden. Mit der so genannten* ***Ersatzprobe*** *untersucht man, welche Wörter in einem Satz* ***gemeinsam ersetzt*** *werden können. Kann ein Wort nur zusammen mit einem zweiten Wort ersetzt werden, bilden diese ein Satzglied.*

Bsp.: **Das Kind** spielt mit seinem Ball.
Ersatzprobe: **Es** spielt mit seinem Ball.

b) Ersetze nun das fett gedruckte Satzglied mit einem anderen Wort und schreibe den Satz neu auf. Trenne anschließend die restlichen Satzglieder mit Strichen:

1. Jeden Tag trifft meine Schwester **ihre Freundin**.

   ..............................................................................................

2. Die Eltern führen **ein Gespräch** mit dem Lehrer.

   ..............................................................................................

3. Morgen wird **mein Bruder** nach Italien fahren.

   ..............................................................................................

4. Bitte, reiche mir **das Mehl** !

   ..............................................................................................

5. Alle Kinder freuen sich **auf den Schulschluss**.

   ..............................................................................................

6. Manchmal gehen meine Eltern **ins Theater**.

   ..............................................................................................

7. Sonntags gehen wir **immer** in die Kirche.

   ..............................................................................................

8. Wo ist **meine Tasche** ?

   ..............................................................................................

9. Die Lehrer diskutieren **über das Ziel des letzten Wandertages**.

   ..............................................................................................

10. **Das Pferd** galoppiert auf der Wiese.

   ..............................................................................................

11. **In der Küche** ist es furchtbar heiß.

..........................................................................................................

12. Dieser Witz ist **lustig**.

..........................................................................................................

13. Fred isst **einen Apfel**.

..........................................................................................................

14. Ich hatte **heute** ein gutes Frühstück.

..........................................................................................................

15. **Alle Fußballspieler** laufen auf das Spielfeld.

..........................................................................................................

16. Der Maler malt **ein schönes Bild**.

..........................................................................................................

17. Wir beobachten **den Lehrer** beim Korrigieren.

..........................................................................................................

18. Jahr für Jahr strömen **tausende Touristen** nach Salzburg.

..........................................................................................................

19. Der Weihnachtsmann bringt **den Kindern** schöne Geschenke.

..........................................................................................................

20. Das Schuljahr war für die Schüler **anstrengend**.

..........................................................................................................

21. Die Kühe **stehen** auf der Weide.

..........................................................................................................

22. Der zerstreute Professor prüft **die fleißige Schülerin**.

..........................................................................................................

23. **Dieser Tag** begann mit einem großen Fest.

***Merke:*** *Alle Satzglieder stehen in einem bestimmten Fall. Um herausfinden zu können, in welchem Fall sie stehen, muss man ihn erfragen. Satzglieder, die mit* ***WEM*** *erfragt werden, stehen im* ***3.*** *Fall (****Dativ****).*

c) Untersuche nun, ob in den nachfolgenden Sätzen ein Satzglied im Dativ steht, und unterstreiche es, wenn eines vorhanden ist:

1. „Bitte, bieten Sie der Dame einen Platz an !“
2. Ich stelle das Geschirr auf den Tisch.
3. Der Lehrer reicht den Kindern die Zeugnisse.
4. Wir treffen jeden Tag unseren Nachbarn.
5. Dieses Fahrrad gehört mir.
6. Ein blaues Auto nähert sich der Autobahnauffahrt.
7. Der Sanitäter leistet dem Unfallopfer Erste Hilfe.
8. Die Hausherrin nimmt ihrem Gast die Blumen ab.
9. Unser Schulwart malt das Klassenzimmer neu aus.
10. „Jetzt gönne dir doch einmal eine Pause !“
11. Mein kleiner Bruder spielt gern Fangen.
12. Der Tormann wirft seiner Mannschaft den Ball zu.
13. Sie kann dem Lügner nicht verzeihen.
14. Einer der beiden wird die Wette verlieren.
15. Dem Sieger wurde eine Medaille verliehen.
16. Die wilden Seeräuber vergraben den Schatz.
17. Er leiht seinem besten Freund ein Buch.
18. Der Detektiv folgte der Gruppe unauffällig.
19. Jeden Sonntag besuchen die Kinder ihre Tante.
20. Meinem Bruder geht es allmählich wieder besser.
21. Der Dirigent gibt dem ersten Geiger ein Zeichen.
22. Bald fängt das neue Schuljahr an.
23. Seine Oma schneidert ihm eine Hose.
24. Der Elternverein schenkt den Schülerinnen neue Bücher.
25. Ein Bär frisst gern Fische.
26. Die Vase zerbrach ihr in tausend Stücke.
27. Eine Verkäuferin führt das neue Kleid vor.
28. Heute regnet es schon den ganzen Tag.
29. Ich verkaufe dir mein Bild.
30. Der Dieb entkam seinen Verfolgern.
31. Unser Chef verschafft jedem neuen Mitarbeiter einen guten Start.
32. Fred liest gerade ein gutes Buch.
33. Das kleine Mädchen ist seinem Bruder nicht gewachsen.
34. Ein Polizist zeigt dem Mädchen den Weg.

> ***Merke:** Alle Satzglieder, nach denen man mit **WEN** oder **WAS** fragt, stehen im **4.** Fall (**Akkusativ**).*

d) Stelle fest, welchen Fall die folgenden Verben verlangen, schreibe ihn auf und setze danach das in Klammer stehende Satzglied im richtigen Fall ein:

1. Fred ruft .................................... . (sein Freund).......................................
2. Unser Lehrer beantwortet .................................... . (alle Fragen) ...............
3. Der kleine Affe isst .................................... . (ein Apfel)............................
4. Alle Kinder machen .................. nachmittags. (ihre Aufgabe).................
5. Ein Polizist überquert .................................... . (die Straße) .......................
6. Der Springreiter überwindet .................................... . (das Hindernis).......
7. Ich wünsche mir .................. zum Geburtstag. (ein Mantel).......................
8. Wir schenken .................. neue Spielsachen. (die Kinder) ........................
9. Das Publikum sieht .................. im Kino. (ein Film) ...............................
10. Meine Eltern treffen .................................... . (ihre Freunde).....................
11. Diese Tasche gehört .................................... . (die Schülerin).....................
12. Touristen fotografieren .................................... . (der Dom) ........................
13. Der Sammler liebt .................................... . (seine Schätze).......................
14. Er raucht .................................... . (eine Zigarette) ....................................
15. Der Arzt untersucht .................................... . (der Patient) .........................
16. Eine Katze frisst .................................... . (Mäuse) ......................................
17. Der Abrichter lobt .................................... . (die Hunde) ............................
18. ...................... gibt sie ein kleines Geschenk. (jeder Gast)..........................
19. Sein Partner hat .................. veruntreut. (das Geld) ...............................
20. Wann werden wir .................. sehen ? (du)................................................
21. Der Lehrer überreicht .................. das Zeugnis. (der Schüler) .................
22. Wir wünschen .................. alles Gute. (er)...............................................
23. Die Kinder beobachten .................................... . (die Schafe) .....................
24. Der Chef vertraut .................................... . (seine Mitarbeiter)..................
25. Er liest ............................ (ein spannendes Buch).....................................
26. Der Bauer bringt .................. das Melken bei. (wir) ...............................
27. Wirst du .................. eine Geschichte vorlesen ? (die Kinder) ..................
28. Das Mädchen schreibt .................. einen Brief. (ihre Freundin) ...............
29. ......................... höre ich gern zu. (dieser Pfarrer).....................................
30. Der Kellner trägt .................. zur Theke. (die Gläser).................................
31. Ein Polizist beschreibt .................. den Weg. (der Fremde) ......................
32. Die Menschenmasse sucht ......................... (der Schauspieler) ..................
33. Unser Lehrer löst .................................... . (jedes Rätsel) .........................
34. Wir wünschen ...................... viel Glück. (unser Neffe).............................

## VIII Der Satzgegenstand (lat. Subjekt)

***Merke:*** *Ein Satz muss zumindest aus zwei Teilen bestehen, damit man überhaupt von einem Satz als solchen sprechen kann. Der eine Teil ist der* ***Satzgegenstand*** *(das Subjekt). Er/es besagt,* ***wer*** *(Personen, Lebewesen) bzw.* ***was*** *(Gegenstände, Sachen, Gedachtes) etwas tut, erleidet oder passieren lässt.*
*Das Subjekt steht immer im 1. Fall (Nominativ), wobei es in einem Satz sowohl nur* ***eines*** *als auch* ***mehrere*** *Subjekte geben kann. Manchmal wird das Subjekt einfach nur mit dem Pronomen* ***es*** *oder dem Wort* ***man*** *ausgedrückt, dann handelt es sich um ein so genanntes* ***„unpersönliches“*** *Subjekt.*
Bsp.: Das fröhliche Kind spielt auf der Wiese. (Frage: Wer oder was spielt auf der Wiese? Antwort: Das fröhliche Kind.)

Bestimme in den folgenden Sätzen das Subjekt, indem du nach dem Nominativ (wer oder was ?) fragst, und unterstreiche es:

1. Ich borge mir in der Bibliothek ein Buch aus.
2. Der Hausmeister kehrt das lästige Laub von der Terrasse.
3. Im Dezember freuen sich alle Kinder auf Weihnachten.
4. Die Sekretärin tippt den Brief für ihren Vorgesetzten.
5. Jedes Land wirbt mit Attraktionen um Touristen.
6. Der Maler zeichnet mit seinen Stiften ein farbenfrohes Bild.
7. Morgen soll das Wetter angeblich schön werden.
8. Jeden Sonntag besuchen wir die Messe in unserer Kirche.
9. Unser Lehrer liest uns in der letzten Stunde eine Geschichte vor.
10. Meine Oma fährt jedes Jahr mit dem Zug auf Kur.
11. Alle Lehrer sorgen für eine Ausbildung ihrer Schüler.
12. Man geht oft in den Tierpark.
13. In diesem Palast lebte früher ein König mit seiner Familie.
14. Meine Mutter spielt jeden Donnerstag Tennis.
15. Diesen großen Park am Stadtrand besuchen gern Spaziergänger.
16. Eine Diskussion verläuft bei uns Schülern immer hitzig.
17. Die riesige Schlammschicht blockierte die enge Passstraße.
18. Du siehst im Kino den neuesten Film mit Mickey Mouse.
19. Eine flackernde Kerze spendet nur ganz wenig Licht.
20. Giftige Pilze esst ihr auf keinen Fall.
21. Dieses große Plakat zeigt eine berühmte Popgruppe.
22. In tausend Stücke zerbrach die wertvolle Porzellanvase.

23. Die ergiebige Quelle liefert reines Trinkwasser.
24. Das Spiel bereitete allen Teilnehmern viel Vergnügen.
25. Ein tiefer Keller bleibt immer angenehm kühl.
26. Der Rabe sieht der Krähe sehr ähnlich.
27. Die sportlichen Radfahrer kämpfen häufig gegen schlechtes Wetter.
28. Ein offener Kanaldeckel bedeutet eine Gefahr für die Fußgänger.
29. Qualmender Rauch zwang alle Kinder zur Flucht.
30. Die verängstigte Maus verschwand blitzschnell im nächsten Loch.
31. Manche Menschen laufen gern im Regen.
32. Unvorsichtige Autofahrer verursachen oft Unfälle.
33. Alle Besucher bestaunten das gut erhaltene Märchenschloss.
34. Die Natur wehrt sich gegen die Eingriffe der Menschheit.
35. Einen randalierenden Betrunkenen ermahnte der aufmerksame Polizist.
36. Schwarzer Kaffee belebt angeblich die Sinne.
37. Die tapferen Schüler überwältigten beherzt den gemeinen Raufbold.
38. Ein Sprecher hielt vor dem leeren Saal eine unsinnige Rede.
39. Wertvolle Goldmünzen erbeutete der Räuber bei seinem Überfall.
40. Ein erbostes Publikum bewarf den Veranstalter mit faulen Eiern.
41. Die eisige Kälte am Südpol macht den Pinguinen nichts aus.
42. Den langen Riss in seiner Hose sah man schon von weitem.
43. Kein Politiker sollte seine Macht missbrauchen.
44. Der spannende Roman handelt von einer Rettungsaktion in den Bergen.
45. Diese Maschinen werden in dieser Firma erzeugt.
46. Im Kloster verbringen die Nonnen ihr ganzes Leben.
47. Die Nacht bringt endlich Abkühlung in die heiße Stadt.
48. Fred bekommt zum Geburtstag eine große Torte.
49. Seine Nummer steht leider nicht im Telefonbuch.
50. Der flinke Kellner bediente seine Gäste ausgezeichnet.
51. Es wird heute sicher noch regnen.
52. Das harte Training erhöht die Leistung jedes Sportlers.
53. In manchen Staaten der Erde regierte früher ein Kaiser.
54. Auf der Straße trug der Weihnachtsmann einen Sack voller Geschenke.
55. Die schlechte Kellerluft vertrieb alle Mieter.
56. Gestern gewannen sie beim Tennisturnier einen Pokal.
57. Manchmal sitzt ein Hase in unserem Garten.
58. Den Karnevalszug bewundern jedes Jahr viele Touristen.
59. Unzählige Menschen dieser Erde leiden bittere Not.
60. Jeden Tag gehe ich mit meiner Freundin in die Schule.
61. Kamillentee wirkt heilend auf den menschlichen Organismus.
62. Immer wieder vergisst er den Namen dieses Musikstückes.
63. Während der Trockenheit braucht die Natur dringend Niederschläge.

## IX Die Satzaussage (lat. Prädikat)

***Merke:*** *Neben dem Subjekt muss ein vollständiger Satz auch die so genannte* ***Satzaussage*** *(das Prädikat) enthalten. Diese beiden Satzglieder müssen unbedingt vorhanden sein, damit man von einem* ***vollständigen*** *Satz sprechen kann. Das Prädikat ist das einzige Satzglied im Aussagesatz, das sich* ***nicht*** *verschieben lässt und immer an zweiter Stelle steht. Es bezieht sich immer auf das Subjekt und sagt aus, was passiert bzw. ist. Das Prädikat kann aus einem Wort (****einteilig****) oder mehreren Wörtern (****mehrteilig****) bestehen.*

Bsp.: Fred **geht** in die Schule. (einteilig)

Fred **wird** in die Schule **gehen**. (mehrteilig)

Fred **wird** in die Schule **gebracht werden**. (mehrteilig)

*Das mehrteilige Prädikat umklammert im Satz andere Satzbausteine, man spricht daher von einer* ***Zeitwortklammer/Prädikatsklammer****.*

a) Erkenne in den folgenden Sätzen das Prädikat, unterstreiche es und mache gegebenenfalls eine Zeitwortklammer:

1. Ein guter Salat gehört zu einem gesunden Essen.
2. Der unvorsichtige Motorradfahrer erlitt eine schwere Verletzung.
3. Angenehme Temperaturen locken viele Wanderer in die Berge.
4. Die Schafe unseres Nachbarn haben das alte Brot gefressen.
5. In den Ferien verbringen viele Kinder ihren Urlaub am Meer.
6. Alle Solisten werden noch eine Zugabe singen.
7. Fred wird ein Geschenk bekommen.
8. Tierquäler sollten streng bestraft werden.
9. Zum Frühstück trinke ich gern eine Tasse Tee.
10. Den Jackpot im Lotto gewannen gleich mehrere Spieler.
11. Die verschlossene Tür verhindert das Eindringen von Einbrechern.
12. Lustige Übungen machen den Schülern viel Spaß.
13. Ein langwieriger Umbau stört unseren Schulbetrieb erheblich.
14. Der Grüngürtel unserer Stadt verbessert wirklich die Luftqualität.
15. Ein spektakulärer Unfall verlief ohne Verletzte.
16. Sein besorgter Vater hat den Hausarzt um Hilfe gebeten.
17. Der Verlust deines Ausweises wird dir einige Schwierigkeiten bereiten.
18. Dieses Jahr brachte dem Schüler endlich den erhofften Erfolg.
19. Verzicht auf üppiges Essen nützt der Gesundheit.
20. Im Winter füttern wir unsere Singvögel regelmäßig.
21. Die letzte Wahl barg unerwartete Überraschungen.

22. Viele Stadtbewohner machen gern im Wald einen Spaziergang.
23. Die ganze Welt braucht dauerhaften Frieden.
24. Über genug Zeit verfügen nur die wenigsten Menschen.
25. Der Abschied von unseren Freunden wird uns sicher schwerfallen.
26. Viele Deutsche und Österreicher wollen im Juli nach Italien fahren.
27. Ein nervöser Mechaniker hat die Reparatur vergessen.
28. Dieser Schüler erledigt seine Aufgaben nie.
29. Seinen Ausschlag muss er mit einer Salbe behandeln.
30. Der heurige Ausverkauf wird wie jedes Jahr viele Käufer anlocken.
31. Man sollte immer ein Taschentuch in der Tasche haben.
32. Die junge Mutter hat vorige Woche ihr erstes Baby bekommen.
33. Ein fleißiger Bastler will das Flugzeug selbst zusammenbauen.
34. Hoffentlich wird dieser unsportliche Stürmer nicht im Abseits stehen.
35. Diesen hohen Berg dürfen nur geübte Bergsteiger erklettern.
36. Mein kranker Bruder kann das Bett bald verlassen.
37. Viele Familien werden heuer wieder das Weihnachtsfest feiern.
38. Computer sollen die menschliche Arbeit wesentlich erleichtern.
39. Alle Austauschschüler sollten die Sprache ihres Gastlandes erlernen.
40. Fred hat die Anschrift seines Freundes notiert.
41. Die Elefanten können nur das Grünfutter fressen.
42. Kein Fabriksbesitzer darf auf den Umweltschutz vergessen.
43. Viele Schüler wollen die Abschlussfeier besuchen.
44. Für diesen tosenden Beifall musste der Künstler hart arbeiten.
45. Seine verwundeten Finger darf man nicht einmal berühren.
46. Wir fanden ein vergilbtes Foto unseres Urgroßvaters.
47. Die Köchin würzt das Gericht mit rotem Pfeffer.
48. In den ersten Klassen sollen die Kinder das Lesen lernen.
49. Die Behörde kann die Desinfektion sämtlicher Gebäude anordnen.
50. Unser fähiger Gärtner wird noch heute Nachmittag den Rasen mähen.
51. Gefährliche Abfahrten dürfen nur geübte Schifahrer wagen.
52. Der zerstreute Professor hat seinen Koffer im Zug verloren.
53. Wir müssen die wild lebenden Bären vor dem Aussterben schützen.
54. Das frische Fleisch wollen wir erst morgen essen.
55. Ein Erfolg wird dir nicht geschenkt.
56. Die Polizei muss die Drohung des Attentäters ernst nehmen.
57. Alle Menschen dieser Erde wollen glücklich leben.
58. Die Eisenbahn kann heute mehr Güter befördern als früher.
59. An der Donau liegen einige große Städte.
60. Ich möchte meinen gutmütigen Labrador zum Spaziergang mitnehmen.
61. Durch das undichte Dach wird bei Regen sicherlich Wasser eindringen.
62. Er hat im Juni die schwierige Prüfung bestanden.

***Merke:** Das Subjekt und das Prädikat müssen immer in **Person** (1., 2. oder 3. Person) und **Zahl** (Einzahl oder Mehrzahl) übereingestimmt werden. Wenn du nicht sicher bist, ob das Prädikat in Einzahl oder Mehrzahl zu stehen hat, kannst du die **Ersatzprobe** zu Hilfe nehmen.*
Bsp.: Der Igel und der Hase mach**en** einen Ausflug.
**Sie** mach**en** einen Ausflug.

b) Setze das in Klammer stehende Verb in der richtigen Form ein und beachte dabei, dass es mit dem Subjekt richtig übereingestimmt wird:

1. Viele Touristen .................................. Jahr für Jahr nach Wien. (strömen)
2. Ein Teller Kirschen .................................. im Kühlschrank. (sich befinden)
3. Das Publikum .................................. dem guten Sänger. (applaudieren)
4. Mein Bruder und ich .................................. in den Park. (laufen)
5. Die Unwetter ............................... uns in Angst und Schrecken. (versetzen)
6. Unsere Klassengemeinschaft ................................. eine bekannte Brauerei. (besichtigen)
7. Die Schachtel mit den Bonbons .................................. im großen Küchenschrank. (sein)
8. Der ausgezeichnete Chor .............................. in unserer Stadthalle. (singen)
9. Eine Kiste voller Sektflaschen ............................... sehr viel Geld. (kosten)
10. Zu meiner Geburtstagsfeier .................................. mein Onkel oder meine Tante. (kommen)
11. Die Schafherde .................................. auf der Wiese. (grasen)
12. Fred und sein Freund .................................. ein Geschenk. (bekommen)
13. Unsere Familie .................................. gern zu Hause. (bleiben)
14. Meine Mutter .................................. mit mir auf den Jahrmarkt. (gehen)
15. Beschwerdebriefe .................................. er täglich. (bekommen)
16. Eine Hand voll Pilze .................................. in der Pfanne. (sein)
17. Zu viel Salz .................................. das Essen. (verderben)
18. Ein Korb voller Weintrauben .................................. im Keller. (stehen)
19. Dein Vater und du .................................. immer fröhlich. (sein)
20. Vor dem Klassenzimmer .................................. eine Gruppe Schüler sehr viel Lärm. (machen)
21. Sowohl das Buch als auch der Taschenrechner .................................. auf dem Tisch. (liegen)
22. Die große Viehherde unseres Bauern .................................. pro Tag jede Menge Gras. (verzehren)
23. Eine Truppe von Artisten .................................. eine Vorstellung. (geben)
24. Die ganze Fußballmannschaft .................................. schon seit Stunden. (schlafen)

# X Die Satzarten

***Merke:*** *Man unterscheidet in der deutschen Sprache zwischen drei Satzarten: dem* ***Aussage****satz,*
*dem* ***Aufforderungs****satz und*
*dem* ***Frage****satz.*
*Je nachdem, welche Absicht der Sprecher hegt, bedient er sich einer der genannten Satzarten.*

## 1) Der **Aussagesatz** (lat. **Deklarativ**satz)

***Merke:*** *Dieser Satz drückt eine* ***Aussage*** *aus und endet immer mit einem* ***Punkt****. (Ausnahme: Um einem Aussagesatz* ***Nachdruck*** *zu verleihen, kann man auch ein* ***Rufzeichen*** *setzen. Der Aussagesatz wird dann zu einem so genannten* ***Ausrufsatz*** *– lat.* ***Exklamativ****satz).*

a) Im folgenden Text fehlen sämtliche Punkte. Setze diese dort ein, wo ein Aussagesatz zu Ende ist, und verbessere die Anfangsbuchstaben der neuen Sätze, indem du sie mit großem Anfangsbuchstaben schreibst:

Um sechs Uhr in der Früh läutet der Wecker in seinem Zimmer erst dann steht Fred auf er geht zuerst ins Badezimmer und stellt sich unter die Dusche meistens wäscht er auch seine Haare danach trocknet er sich ab seine große Schwester benützt das Bad immer nach ihm, und das mag er nicht besonders sie ist nämlich sehr ordentlich und schimpft über seine Schlampigkeit nach der Dusche geht er in sein Zimmer zurück und zieht sich an dafür braucht er nicht lange nach dem Ankleiden geht er hinunter in die Küche und setzt sich an den Küchentisch die ganze Familie frühstückt jeden Tag von halb sieben bis sieben Uhr Fred trinkt seinen Kakao und isst ein Marmeladebrot dann putzt er seine Zähne und holt seine Schultasche aus seinem Zimmer mit seinem Vater geht er danach zur Garage die beiden fahren immer gemeinsam in die Stadt die Firma seines Vaters liegt nicht weit von Freds Schule entfernt deshalb muss Fred am Morgen nie mit dem Bus zur Schule fahren auf dem Weg dorthin holen sie noch Freds Freund Martin ab er besucht die gleiche Schule wie Fred während der Fahrt vergleichen sie oft ihre Hausübungen nach zwanzig Minuten sind sie am Ziel und steigen aus ein neuer Schultag beginnt

2) Der **Aufforderungssatz** (lat. **Imperativ**satz)

***Merke:** Er drückt einen **Befehl**, eine **Bitte** oder einen **Wunsch** aus und endet üblicherweise mit einem Rufzeichen.*

b) Verwandle die vorgegebenen Aussagesätze in Aufforderungssätze und beachte dabei, dass der Name durch einen Beistrich vom übrigen Satz getrennt werden muss:
Bsp.: Fred spielt Fußball.
Lösung: Fred, spiel Fußball ! **oder** Spiel Fußball, Fred !

1. Papa gibt dem Hund das Futter.

   ..........................................................................................................

2. Die Schüler schreiben einen langen Text von der Tafel ab.

   ..........................................................................................................

3. Max wirft den Ball auf das Spielfeld.

   ..........................................................................................................

4. Die Vereinsmitglieder diskutieren über aktuelle Probleme.

   ..........................................................................................................

5. Du notierst alle Einzelheiten auf einem Blockzettel.

   ..........................................................................................................

6. Fred und Martin machen einen Ausflug nach Salzburg.

   ..........................................................................................................

7. Der Herr Professor prüft den Studenten.

   ..........................................................................................................

8. Du isst nicht die ganze Portion.

   ..........................................................................................................

9. Der Herr Pfarrer liest die Messe.

   ..........................................................................................................

10. Sie laufen schnell über die gemähte Wiese.

   ..........................................................................................................

3) Der **Fragesatz** (lat. **Interrogativ**satz)

***Merke:*** *Man unterscheidet grundsätzlich zwischen* ***Entscheidungsfragen*** *und* ***Ergänzungsfragen****. Eine Frage, die mit* ***ja*** *oder* ***nein*** *beantwortet werden kann, ist eine Entscheidungsfrage. Benötigt man ein Fragewort (****wer****?,* ***wo****?,* ***wann****?, etc.), um ihn einzuleiten, spricht man von einem Ergänzungssatz. Der Fragesatz endet immer mit Fragezeichen (****?****).*

c) Verwandle die vorgegebenen Aussagesätze in Entscheidungsfragesätze:

1. Jeden Morgen weckt die fürsorgliche Mutter ihre Kinder.

   ..........................................................................................................

2. Am Abend liest mein Vater im Arbeitszimmer seine Zeitung.

   ..........................................................................................................

3. Um sieben Uhr morgens läutet der Briefträger an der Haustür.

   ..........................................................................................................

4. Mein Onkel wäscht mit Begeisterung seinen neuen Wagen.

   ..........................................................................................................

5. Alle Schüler freuen sich auf die Sommerferien.

   ..........................................................................................................

6. Regelmäßiges Zähneputzen verhindert die Entstehung von Karies.

   ..........................................................................................................

7. Vor dem Mittagessen deckt meine Schwester immer den Tisch.

   ..........................................................................................................

8. Der begabte Maler verkauft sein erstes Bild.

   ..........................................................................................................

9. Oft träumt sie von einem kurzen Urlaub in Paris.

   ..........................................................................................................

10. Am Wochenende kocht er gern für seine Freunde.

   ..........................................................................................................

11. Der Mechaniker repariert unser altes Auto.

..............................................................................................

12. Der Notar berät seinen Klienten in einer wichtigen Angelegenheit.

..............................................................................................

13. Die fleißige Musikerin übt täglich drei Stunden Geige.

..............................................................................................

14. Man kann den Kindern in Afrika mit einer Spende helfen.

..............................................................................................

15. Im Herbst verfärben sich die meisten Blätter.

..............................................................................................

16. Mit diesem Hammer sollen wir sehr vorsichtig umgehen.

..............................................................................................

17. Diese unerträgliche Hitze dauert schon drei Tage an.

..............................................................................................

18. Man soll täglich drei Liter Flüssigkeit trinken.

..............................................................................................

19. Zwei Hubschrauber überwachen den Verkehr aus der Luft.

..............................................................................................

20. Den Iltis können wir im Wald äußerst selten beobachten.

..............................................................................................

21. Viele entlegene Inseln im Mittelmeer erreicht man nur mit einem Boot.

..............................................................................................

22. In unserer Gegend züchten einige Imker erfolgreich Bienen.

..............................................................................................

23. Viele Touristen wollen heuer wieder nach Österreich reisen.

..............................................................................................

d) Verwandle die vorgegebenen Aussagesätze in Ergänzungsfragesätze (Achtung: Aufgrund der Vielfalt an Fragewörtern gibt es auch hier verschiedene Lösungsmöglichkeiten !):

1. Einige große Kakteenarten können nur in den Tropen gedeihen.

   ..........................................................................................

2. Dieser Kandidat vergaß seinen gedruckten Lebenslauf.

   ..........................................................................................

3. Manche Karikatur brachte die Besucher der Ausstellung zum Lachen.

   ..........................................................................................

4. Zwei Polarforscher machten letztes Jahr eine Expedition zum Nordpol.

   ..........................................................................................

5. Heute wollen wir unser Klassenzimmer blau streichen.

   ..........................................................................................

6. Der Streit zwischen den beiden unleidlichen Nachbarn geht weiter.

   ..........................................................................................

7. Erfahrene Astronomen werden morgen den Kometenschweif sehen.

   ..........................................................................................

8. Der frisch gebackene Apfelkuchen schmeckte allen Gästen vorzüglich.

   ..........................................................................................

9. Am Samstag brachte dieser Komödiant uns wirklich zum Lachen.

   ..........................................................................................

10. Die alte Linde auf dem Dorfplatz bewundern wir jeden Tag.

    ..........................................................................................

11. Mein schwarzer Hund spielt den ganzen Tag mit den Kindern.

    ..........................................................................................

12. Die lateinische Sprache spielte im Mittelalter eine große Rolle.

    ..........................................................................................

13. Ein fleißiger Schüler bekommt immer sein verdientes Lob.

    ..........................................................................................

14. Die meisten Menschen müssen in der Früh zur Arbeit gehen.

..............................................................................................................

15. Sein hungriger Magen knurrt schon seit drei Stunden.

..............................................................................................................

16. Auf dem Markt gibt es immer frisches Obst zu kaufen.

..............................................................................................................

17. Unsere Spieler müssen morgen mehr Mut an den Tag legen.

..............................................................................................................

18. Ihr schlechtes Benehmen fiel allen Besuchern im Theater auf.

..............................................................................................................

19. Eure hungrige Katze sitzt seit drei Stunden vor ihrer Schüssel.

..............................................................................................................

20. Heute Abend spielen alle Musiker im Konzertsaal ohne Noten.

..............................................................................................................

21. Die zierlichen Blaumeisen bauen im alten Obstbaum gerade ein Nest.

..............................................................................................................

22. Man darf die Obdachlosen nicht ohne Hilfe im Regen stehen lassen.

..............................................................................................................

23. Der Staatsanwalt fordert in diesem Prozess sicherlich die Höchststrafe.

..............................................................................................................

24. Gestern fiel eine gebrechliche Dame auf der Straße in Ohnmacht.

..............................................................................................................

25. Mein Vater sah schon viele berühmte Opern auf der Bühne.

..............................................................................................................

***Merke:*** *Untersucht man den Bau eines Satzes, kann man an diesem erkennen, um welche Satzart es sich dabei handelt. Das Verb steht beim* ***Aussage****satz immer an* ***zweiter*** *Stelle, aber beim* ***Frage-*** *und* ***Aufforderung****ssatz meistens am* ***Beginn*** *des Satzes.*

e) Ergänze nun die fehlenden Umwandlungen:

1. Aussage: Die Schülerinnen der Klasse sammeln Spenden.
Aufforderung: ...........................................................................................
Frage: ...........................................................................................

2. Aussage: ...........................................................................................
Aufforderung: Nimm den Schlüssel, Fred !
Frage: ...........................................................................................

3. Aussage: ...........................................................................................
Aufforderung: ...........................................................................................
Frage: Borgst du mir Geld ?

4. Aussage: ...........................................................................................
Aufforderung: Kinder, gebt dem Portier eure Koffer !
Frage: ...........................................................................................

5. Aussage: Sie beginnen eine neue Arbeit.
Aufforderung: ...........................................................................................
Frage: ...........................................................................................

6. Aussage: ...........................................................................................
Aufforderung: ...........................................................................................
Frage: Ist Max im Büro ?

7. Aussage: ..........................................................................................
Aufforderung: Schenk(e) deiner Großmutter eine Kleinigkeit, Marie !
Frage: ..........................................................................................

8. Aussage: Die Mädchen begrüßen den Nachbarn.
Aufforderung: ..........................................................................................
Frage: ..........................................................................................

9. Aussage: ..........................................................................................
Aufforderung: ..........................................................................................
Frage: Lernt Peter für die Schularbeit ?

10. Aussage: ..........................................................................................
Aufforderung: Pflückt euer Obst, Freunde !
Frage: ..........................................................................................

11. Aussage: Oma genießt das Leben.
Aufforderung: ..........................................................................................
Frage: ..........................................................................................

12. Aussage: ..........................................................................................
Aufforderung: ..........................................................................................
Frage: Sind die Buben brav ?

13. Aussage: ..........................................................................................
Aufforderung: Pass auf deine Schwester auf, Felix !
Frage: ..........................................................................................

# XI Die Satzzeichen

***Merke:** Man benötigt Satzzeichen, um einen geschriebenen Text für den Leser verständlich und übersichtlich zu machen. Sie sind daher so genannte **Gliederungs-** bzw. **Grenz**zeichen. Der Schreiber bringt durch sie zum Ausdruck, was er beabsichtigt oder aussagen möchte.*
*Es wird unterschieden zwischen:*
- *der Kennzeichnung des Schlusses von ganzen Sätzen (Punkt, Fragezeichen, Ausrufzeichen),*
- *der **Gliederung** von ganzen Sätzen (Klammer, Beistrich, Bindestrich/Gedankenstrich, Strichpunkt, Doppelpunkt),*
- *der **Anführung** von Textstellen und wortwörtlicher Wiedergabe bzw. Hervorhebung von Textstellen und einzelnen Wörtern (Anführungszeichen).*

Im Folgenden beschäftigen wir uns vorerst mit der Kennzeichnung des Schlusses von ganzen Sätzen. In Kapitel X haben wir bereits zwischen den verschiedenen Satzarten unterschieden.
Erkenne nun die vorgegebene Satzart und setze am Ende des jeweiligen Satzes das richtige Satzzeichen:

1. Für unser Buch haben wir umweltfreundliches Papier verwendet
2. Die Olympischen Spiele finden alle vier Jahre in großen Städten statt
3. Wo finde ich das nächste Postamt
4. Das Leben im Paradies kann sich niemand so richtig vorstellen
5. Gib deinem Lehrer das Heft morgen wieder zurück
6. Die Parkgaragen werden mit allen Sicherheitsvorkehrungen ausgestattet
7. Manchmal kauft Fred frisches Obst und Gemüse auf dem Markt
8. Darf der Portier Besucher ohne Ausweis auf das Werksgelände lassen
9. Mögen die sportlichen Schwimmer Quallen im Meer
10. Bitte, reiche das Tablett mit den Salaten
11. Auf der Autobahn ist die erlaubte Höchstgeschwindigkeit 130 km/h
12. Darf man seinen Mitmenschen einen guten Rat verweigern
13. Ein gutes Arbeitsklima erleichtert allen Angestellten die Arbeit
14. Wann wird der Zug voraussichtlich sein Ziel erreichen
15. Im Sommer sitzen meine Eltern gern in einem kühlen Weinkeller
16. Werden die Leser in den Bücherregalen nach Lust und Laune wühlen
17. Bleibt doch noch bis zum Abendessen
18. Die trockene Rinde mancher Bäume kann man vielseitig verwenden

19. Kein Reiter darf sein Pferd schlecht und herzlos behandeln
20. Nimm dir bitte noch ein großes Stück Kuchen
21. Ist die Hautfarbe jeder Menschenrasse an ihre Umgebung angepasst
22. Zu den Saiteninstrumenten gehören auch die Geige und das Cello
23. Wer möchte einen interessanten Ausflug nach Salzburg machen
24. Der Slalomspezialist gewann überraschenderweise den Abfahrtslauf
25. Unsere besten Freunde werden auch heuer in den Bergen wandern
26. Immer mehr Parteien in Europa setzen sich für Umweltschutz ein
27. Wollen die Fischer in diesem Teich Karpfen oder Forellen züchten
28. Seid nicht so laut, wenn ihr zurückkehrt
29. Der Kassier im Supermarkt hat sich schon wieder verrechnet
30. Bringst du die Schuhe wirklich zum Schuster
31. Viele Völker dürfen auf ihre Kultur stolz sein
32. Sie liegt mit einer schlimmen Erkältung im Bett
33. Wie hat sie auf deine Absage reagiert
34. Mancher hochgelobte Vortrag erweist sich als furchtbar langweilig
35. Ein Uhrmacher wird die kaputte Uhr wieder reparieren
36. Welche Farbe hat dein neues Auto
37. Schenke mir bitte keine bunten Blumensträuße mehr
38. Unser Urlaub in Italien hat mir wirklich sehr gut gefallen
39. Hast du schon das neueste Gerücht vernommen
40. Weshalb bist du immer so schlecht gelaunt
41. Vergiss niemals deine besten Freunde
42. Er hat sein Studium an der Universität begonnen
43. Ein Jugendlicher bekam für sein Vergehen eine Strafe
45. Wird das Unfallopfer die Operation überstehen
46. Die Menschheit nimmt den Tierschutz ernster als bisher
47. Probiert doch eines dieser wunderbaren Kuchenstücke
48. Warum versucht er immer, seinem Freund zu widersprechen
49. Niemand aus unserer Klasse konnte den schwierigen Text übersetzen
50. Mögen die kleinen Kinder den Clown auf der Bühne
51. Nicht wenige Patienten nehmen täglich verschiedene Tabletten ein
52. Grob gemahlene Getreidekörner nennt man Schrot
53. Was muss ich heute noch alles erledigen
54. Die Schildkröte gehört zu den ältesten Tierarten
55. Glaube nicht alles, was er dir erzählt
56. Ohne Satelliten kann man sich das Fernsehen kaum mehr vorstellen
57. Wodurch ist dieser Konflikt überhaupt entstanden
58. Dieser Gruselfilm erregte bei den Besuchern Schauder und Empörung
59. Wird Fred nächstes Jahr wieder nach Italien fahren

## XII Die Zeitstufen und Zeitformen (lat. Tempusformen)

***Merke*: In der deutschen Sprache unterscheidet man grundsätzlich drei Zeit*stufen*:**
- *das **Vergangene** (was geschehen ist)*
- *das **Gegenwärtige** (was gerade jetzt geschieht)*
- *das **Zukünftige** (was geschehen wird).*

*Diese Unterscheidung ist sehr bedeutend, da man sonst niemals wüsste, welchem Zeitpunkt eine Handlung oder ein Geschehen zuzuordnen ist. Das Verb im Satz wird deshalb auf die jeweilige Zeit**form** abgestimmt.*

In diesem Kapitel beschäftigen wir uns vorerst mit den am häufigsten gebrauchten Zeiten:

| | EZ | | MZ |
|---|---|---|---|
| Gegenwart: | | | |
| **ich** | arbeite | **wir** | arbeiten |
| **du** | arbeitest | **ihr** | arbeitet |
| **er, sie, es** | arbeitet | **sie** | arbeiten |
| Mitvergangenheit: | | | |
| **ich** | arbeitete | **wir** | arbeiteten |
| **du** | arbeitetest | **ihr** | arbeitetet |
| **er, sie, es** | arbeitete | **sie** | arbeiteten |
| Zukunft: | | | |
| **ich** | werde arbeiten | **wir** | werden arbeiten |
| **du** | wirst arbeiten | **ihr** | werdet arbeiten |
| **er, sie, es** | wird arbeiten | **sie** | werden arbeiten |
| Vergangenheit: | | | |
| **ich** | habe gearbeitet | **wir** | haben gearbeitet |
| **du** | hast gearbeitet | **ihr** | habt gearbeitet |
| **er, sie, es** | hat gearbeitet | **sie** | haben gearbeitet |
| | | | |
| **ich** | bin gelaufen | **wir** | sind gelaufen |
| **du** | bist gelaufen | **ihr** | seid gelaufen |
| **er, sie, es** | ist gelaufen | **sie** | sind gelaufen |

1) Die **Gegenwart** (lat. **Präsens**)

***Merke:*** *Die Gegenwart wird verwendet bei*

- ***Handlungen**, die **gerade** passieren bzw. noch andauern*
- ***Feststellungen** über **allgemeine** Zustände*
- ***zukünftigem** Geschehen (das Präsens steht oft anstatt der Zukunft)*
- *in einer **Erzählung** in der Vergangenheit, um den Text hervorzuheben oder **spannender** zu gestalten.*

Bsp.: Er *läuft* gerade über den Hof.
Die Erde *ist* keine Scheibe.
Fred *geht* morgen in die Schule.
Plötzlich stand der Einbrecher vor mir. Er *kommt* auf mich zu.

a) Untersuche in den folgenden Sätzen die Verbformen. Erkennst du ein Verb, das im Präsens steht, dann unterstreiche es:

1. Fred putzt mit seinem Bruder jeden Montag die Küche.
2. Ich habe gerade einen interessanten Artikel in der Zeitung gelesen.
3. Der alkoholisierte Lenker verursacht einen Verkehrsunfall.
4. Vor ein paar Minuten habe ich unseren Gärtner noch gesehen.
5. Ein erfolgreicher Anwalt braucht viel Geduld für seine Klienten.
6. Werden wir morgen einen Lauf durch den Wald machen ?
7. Er hat in seinem ganzen Leben keine einzige Zigarette geraucht.
8. Mein Bruder kocht für sein Leben gern Fisch.
9. Das Spiel verlief ohne nennenswerte Zwischenfälle.
10. Früher hat mein Bruder oft Fußball gespielt.
11. Verbringt die Familie meiner Freundin ihren Urlaub in den Bergen ?
12. Gestern fand ein großes Konzert auf dem Rathausplatz statt.
13. Zu ihren Hobbys zählen das Lesen, das Fotografieren und das Malen.
14. Fred verbrachte viel Zeit mit seinen neuen Freunden.
15. Für dieses Gericht benötigen wir frisches Gemüse.
16. Ich werde mir jetzt eine große Pizza bestellen.
17. Die Gäste kaufen für das Brautpaar viele Hochzeitsgeschenke.
18. Viele Jugendliche unterschätzen die Gefährlichkeit von Drogen.
19. In Zukunft wird in diesem Betrieb ein anderer Wind wehen.
20. Das Ergebnis der Schularbeit löste Empörung aus.
21. Beim Abverkauf der Möbel haben manche Kunden gestritten.
22. Wird er sich für die nächste Prüfung auf alle Fälle besser vorbereiten ?
23. Gestern bekam ich einen Brief von meiner Freundin aus Frankreich.
24. Die Weihnachtsferien dauern bei uns zwei Wochen lang.
25. Während des spannenden Filmes vergaß sie auf den Kuchen im Rohr.

> ***Merke:*** *Um die verschiedenen Verbformen bilden zu können, muss man zwischen schwachen und starken Verben unterscheiden (Näheres dazu Kapitel I).*

b) Setze nun die fehlenden Stammformen der vorgegebenen Verben ein:

| | | | |
|---|---|---|---|
| 1. | beißen | .............................. | .............................. |
| 2. | .............................. | schlang | .............................. |
| 3. | .............................. | .............................. | gebogen |
| 4. | sterben | .............................. | .............................. |
| 5. | .............................. | schnitt | |
| 6. | .............................. | .............................. | geblieben |
| 7. | treffen | .............................. | .............................. |
| 8. | .............................. | schrieb | ............... |
| 9. | .............................. | .............................. | gebracht |
| 10. | glauben | .............................. | .............................. |
| 11. | .............................. | sank | .............................. |
| 12. | .............................. | .............................. | geflogen |
| 13. | stehlen | .............................. | .............................. |
| 14. | .............................. | sah | .............................. |
| 15. | .............................. | .............................. | gewonnen |
| 16. | treten | .............................. | .............................. |
| 17. | .............................. | schwamm | .............................. |
| 18. | .............................. | .............................. | gegriffen |
| 19. | vergessen | .............................. | .............................. |
| 20. | .............................. | sang | .............. |
| 21. | .............................. | .............................. | gelesen |
| 22. | wachsen | .............................. | .............................. |
| 23. | .............................. | saß | .............................. |
| 24. | .............................. | .............................. | gelegen |
| 25. | ziehen | .............................. | .............................. |
| 26. | .............................. | sprach | .............................. |
| 27. | .............................. | .............................. | geritten |
| 28. | rühren | .............................. | .............................. |
| 29. | .............................. | sprang | .............................. |
| 30. | .............................. | .............................. | geschoben |
| 31. | reden | .............................. | .............................. |
| 32. | .............................. | machte | .............................. |
| 33. | .............................. | .............................. | geschlafen |
| 34. | waschen | .............................. | .............................. |
| 35. | .............................. | sammelte | .............................. |

***Merke:*** *Bei näherer Betrachtung der verschiedenen Zeitformen stellen wir fest, dass die* ***Gegenwart*** *und die* ***Mitvergangenheit*** *mit nur* ***einem*** *Wort gebildet werden, man nennt sie daher* ***einteilige*** *Zeitformen.*
*Um jedoch ein Verb in die* ***Zukunft*** *bzw. in die* ***Vergangenheit*** *setzen zu können, benötigen wir die Hilfe eines* ***zweiten*** *Zeitwortes, des so genannten* ***Hilfszeitwortes****. Die Zukunft und die Vergangenheit bezeichnet man aus diesem Grund als* ***zweiteilige*** *Zeitformen.*
Bsp.:

| | |
|---|---|
| Zukunft | Fred **wird** für die nächste Schularbeit viel **lernen**. |
| Vergangenheit | Fred **hat** für die letzte Schularbeit viel **gelernt**. |
| | Fred **ist** heute drei Stunden lang **gewandert**. |

*Bei den zweiteiligen Zeitformen steht das Zeitwort, das die eigentliche Aussage beinhaltet, in der* ***Nennform*** *oder in der Form des* ***zweiten Mittelwortes*** *(lat. Partizip Perfekt) und das Hilfszeitwort bildet die* ***Personalform****. Die Verbindung zwischen diesen beiden Zeitwörtern nennt man* ***Zeitwortklammer/Verbalklammer*** *(siehe auch Kapitel IX).*

c) Untersuche, ob sich in den folgenden Sätzen zweiteilige Zeitwörter befinden, und unterstreiche sie gegebenenfalls:

1. Unsere Handballmannschaft wird heuer die Meisterschaft gewinnen.
2. Im Sommer essen die meisten Kinder gern viel Eis.
3. Wir gehen jeden Tag mit unserem Großvater in den großen Park.
4. Hat Fred dieses Jahr gute Noten bekommen ?
5. Diese Schularbeit ist besser ausgefallen als die letzte.
6. Jedes Jahr zu Weihnachten machen wir ein Fest für unsere Freunde.
7. Alle Mitglieder des Vereins werden bei deiner Hochzeit singen.
8. Einige Bilder dieser Ausstellung gefallen mir überhaupt nicht.
9. Ihr seid heute in der Früh schon bald aufgestanden.
10. Die schlimmen Buben haben ein schlechtes Gewissen gehabt.
11. Auf dem Land fahrt noch mancher Bäcker von Haus zu Haus.
12. Du wirst mit diesem Auto noch einige Wunder erleben.
13. Verkauft euer Konditor auch Saures ?
14. Die Mädchen sind bereits zum See aufgebrochen.
15. Jedes Wochenende geht mein Bruder mit mir ins Kino.
16. Ihr werdet auf eurer Reise sicherlich viel Spaß haben.
17. Du hast schon wieder auf deine Hausübungen vergessen.
18. Wie geht es euch heute ?
19. Ich bin noch nie in den Vereinigten Staaten gewesen.
20. Das Abenteuer ist noch einmal gut ausgegangen.

2) Die **Mitvergangenheit** (lat. **Präteritum,** früher auch **Imperfekt**)

***Merke:*** *Die Mitvergangenheit wird vor allem in* ***schriftlichen*** *Erzählungen gebraucht. Sie beschreibt ein Geschehen, das in der Vergangenheit passiert ist und bereits* ***abgeschlossen*** *ist.*
Bsp.: Sie *verbrachten* ein Wochenende in Triest.

d) Setze nun folgende Sätze ins Präteritum:

1. Sie schreibt einen Brief an ihre Freundin.

   ....................................................................................................

2. Im Sommer ist die Arbeit in der Fabrik sehr anstrengend.

   ....................................................................................................

3. Gibt es anlässlich dieses freudigen Ereignisses auch eine Feier ?

   ....................................................................................................

4. Der Vortrag ist amüsant und lehrreich zugleich.

   ....................................................................................................

5. Unseren Winterurlaub genießen wir in der Schweiz.

   ....................................................................................................

6. Der Bauer verbringt den ganzen Tag im Wald mit Schlägerungsarbeiten.

   ....................................................................................................

7. Für diesen Lehrgang melden sich viele Interessenten an.

   ....................................................................................................

8. Der Meisterkoch bereitet ein vorzügliches Gericht zu.

   ....................................................................................................

9. Wer bekommt das letzte Tortenstück ?

   ....................................................................................................

10. Ein Wirbelsturm bricht über das Tal herein.

    ....................................................................................................

11. Der Friseur schneidet ihr die Haare ganz kurz.

..........................................................................................

12. Unsere Gäste essen den ganzen Kuchen auf.

..........................................................................................

13. Sein Brunnen versiegt während der großen Hitzewelle.

..........................................................................................

14. Meine Großeltern sitzen gern auf der grünen Parkbank.

..........................................................................................

15. Die Festplatte meines Computers geht kaputt.

..........................................................................................

16. Ihr Garten gleicht einem Blumenmeer.

..........................................................................................

17. Eine große Hummel fliegt auf die große rote Blüte zu.

..........................................................................................

18. Die Spendenaktion bringt ein tolles Ergebnis.

..........................................................................................

19. Im hübschen Seerosenteich schwimmen viele kleine Goldfische.

..........................................................................................

20. Wo findet das interessante Freiluftkonzert statt ?

..........................................................................................

21. Der kleine Fink holt sich die Erdnüsse aus dem Futterhäuschen.

..........................................................................................

22. Die Ameisen laufen in Scharen über die Terrasse.

..........................................................................................

23. Jeden Abend sprechen die Kinder ein Gebet.

..........................................................................................

3) Die **Zukunft** (lat. **Futur I**)

***Merke:*** *Die Zukunft wird verwendet für Geschehnisse, die noch* ***nicht begonnen*** *haben, jedoch geplant bzw. beabsichtigt sind, oder deren Verlauf vorhersehbar ist.*
*Außerdem wird die Zukunft für* ***Vermutungen, Drohungen*** *und* ***Aufforderungen*** *verwendet.*
Bsp.: Es *wird* schon nichts *passieren*.
Dem *werde* ich es noch *zeigen* !
Du *wirst* jetzt deine Koffer *packen* !

e) Setze nun folgende Sätze ins Futur:

1. Sie besucht oft ihre Tante in Spanien.

   ..............................................................................................

2. Das Badewasser hat wirklich eine ideale Temperatur.

   ..............................................................................................

3. Mit viel Begeisterung packen die Kinder ihre Koffer.

   ..............................................................................................

4. Der Landwirt bringt die Kuh zur Viehversteigerung in die Stadt.

   ..............................................................................................

5. Gegen Abend gießt Fred die Blumen auf der Veranda.

   ..............................................................................................

6. Wohin stellt er die Vase mit den Blumen ?

   ..............................................................................................

7. Das Wetter bleibt laut Vorhersage schön.

   ..............................................................................................

8. Ein lustiger Clown tritt bei meiner Geburtstagsfeier auf.

   ..............................................................................................

9. Ich schreibe meinem Onkel eine Karte aus Marokko.

   ..............................................................................................

10. Sein langer Besuch macht uns große Mühe.

.................................................................................................

11. Eine große Entenfamilie überquert die Straße.

.................................................................................................

12. Auf Grund des schönen Herbstes gibt es eine gute Weinernte.

.................................................................................................

13. Mein Bruder zieht mit einem Freund in eine gemeinsame Wohnung.

.................................................................................................

14. Unsere Kastanienbäume spenden auch im Hochsommer viel Schatten.

.................................................................................................

15. Dieser Wespenstich verursacht dir große Schmerzen.

.................................................................................................

16. Mein Vater fährt gern mit dem Rad zur Arbeit.

.................................................................................................

17. Die große Verwandtschaft isst heute Mittag im Gasthaus.

.................................................................................................

18. Bestellst du dir ein Glas von dem herrlichen Eistee ?

.................................................................................................

19. Für die Aufnahmeprüfung muss er viel lernen.

.................................................................................................

20. Bei den Versuchen im Chemielabor zerbricht teures Glas.

.................................................................................................

21. Auf der Blumenwiese bestäuben die Insekten die Blüten.

.................................................................................................

22. Der Briefträger bringt noch das wichtige Paket.

.................................................................................................

4) Die **Vergangenheit** (lat. **Perfekt**)

***Merke:*** *Die Vergangenheit wird verwendet, um von der* ***Gegenwart*** *auf Geschehnisse zu verweisen, die in der* ***Vergangenheit*** *passiert sind; diese sind zumeist bereits* ***abgeschlossen****, können aber durchaus einen* ***Bezug*** *zur Gegenwart aufweisen. Außerdem wird diese Zeit gern in der* ***gesprochenen*** *Sprache für Erzählungen gebraucht.*
Bsp.: Ich *habe* gerade ein Buch *gelesen.*
Letzte Woche *sind* wir nach Italien *gefahren.*

f) Setze die folgenden Sätze ins Perfekt:

1. Aus den frischen Erdbeeren kocht sie eine schmackhafte Marmelade.

   ..........................................................................................

2. Die Sonne brennt den ganzen Nachmittag vom Himmel.

   ..........................................................................................

3. Mein Onkel vergisst oft seinen Hut im Büro.

   ..........................................................................................

4. Die Schüler der ersten Klasse laufen über den großen Sportplatz.

   ..........................................................................................

5. Die Zöllner kontrollieren aufmerksam die Pässe der Einreisenden.

   ..........................................................................................

6. Ein Dackel stöbert den Fuchs in seinem Bau auf.

   ..........................................................................................

7. Ist er schon zu Hause ?

   ..........................................................................................

8. Am Abend erzählt sie den Kindern eine unglaubliche Geschichte.

   ..........................................................................................

9. Sein unpersönliches Verhalten bereitet ihr eine große Enttäuschung.

   ..........................................................................................

10. Die erfolgreiche Fußballmannschaft gewinnt wieder ein wichtiges Spiel.

.......................................................................................................

11. Der örtliche Kindergarten veranstaltet einen Malwettbewerb.

.......................................................................................................

12. Unsere Feuerwehr löscht den großen Brand in kürzester Zeit.

.......................................................................................................

13. Schon am frühen Morgen gackern die Hühner.

.......................................................................................................

14. Viele Eichkätzchen sammeln Futtervorräte für den Winter.

.......................................................................................................

15. Isst sie das vorbereitete Müsli ?

.......................................................................................................

16. Der Schuster erneuert den Absatz meines Schuhs.

.......................................................................................................

17. Ihrer Figur zuliebe schwimmt sie mehrere Kilometer.

.......................................................................................................

18. Der junge Mann taucht bis zum Meeresboden.

.......................................................................................................

19. Wohin fährt dieser Bus ?

.......................................................................................................

20. Am Wochenende bäckt Fred einen Kuchen für seine Mutter.

.......................................................................................................

21. Während meiner Reise mache ich Fotos von den Sehenswürdigkeiten.

.......................................................................................................

22. Wir stellen für den Winter einen großen Vorrat an Brennholz bereit.

.......................................................................................................

g) Erkenne die richtige Zeitform und schreibe sie auf:

1. Fred läuft jeden Morgen eine Runde im Park. ..................
2. Nächste Woche wird sie eine neue Arbeitsstelle antreten. ..................
3. Mein Banknachbar hat nichts für die Schularbeit gelernt. ..................
4. An manchen Tagen im Juli ist die Hitze unerträglich. ..................
5. Er musste für die große Prüfung sehr viel lernen. ..................
6. Fred ist vor kurzem in den USA gewesen. ..................
7. Heuer streichen wir die Läden unserer Fenster blau. ..................
8. Ein Buchhändler bot letzte Woche den Bestseller an. ..................
9. Zu unserem Fest werden wir viele Freunde einladen. ..................
10. Nach dem Turnier waren Pferd und Reiter sehr müde. ..................
11. Der Hund ist mit seinem Ball über die Wiese gelaufen. ..................
12. Heute Nachmittag werde ich den Rasen mähen. ..................
13. Findet er alleine den Weg hinaus ? ..................
14. Ein Bademeister hat das Kind vor dem Ertrinken gerettet. ..................
15. Die Enkelin wird bald ihre Großmutter besuchen. ..................
16. Gestern haben wir ein schönes Konzert besucht. ..................
17. Der Dolmetscher hat das letzte Wort nicht verstanden. ..................
18. Unser Lehrling muss noch sehr viel lernen. ..................
19. An meinem Geburtstag werde ich mit meiner Familie feiern. ..................
20. Nächste Woche wird der neue Kurs beginnen. ..................
21. Jeden Morgen läutet der Wecker um sechs Uhr. ..................
22. Der bekannte Koch wird ein spezielles Gericht zubereiten. ..................
23. Gab es bei dem Unfall Verletzte ? ..................
24. Wir alle warten gespannt auf das Ende der Geschichte. ..................
25. In ein paar Tagen wird im Dorf die Weinernte beginnen. ..................
26. Der Schaffner wusste leider keine genaue Ankunftszeit. ..................
27. Endlich hat er ein Hotelzimmer für den Urlaub gebucht. ..................
28. In diesem Supermarkt sind die Lebensmittel sehr teuer. ..................
29. Wer hat 1492 Amerika entdeckt ? ..................
30. Die Wetterprognose für das Wochenende ist nicht schlecht. ..................
31. Mein Vater arbeitet elf Stunden am Tag. ..................
32. Das Experiment ist den Wissenschaftlern gelungen. ..................
33. Auf der Rundreise besuchten wir viele Sehenswürdigkeiten. ..................
34. Du darfst nicht immer alles so negativ sehen. ..................
35. Ein Kaugummi klebt an der Unterseite des Tisches. ..................
36. Sie ist noch nie in ihrem Leben auf einen Berg gestiegen. ..................
37. Dieses Gerät übt viele Funktionen aus. ..................
38. Am Wandertag verirrten sich die Schüler im dunklen Wald. ..................
39. Sein Lehrer genoss den Aufenthalt in einer Kurstadt. ..................

40. Das Publikum war von der Vorstellung sehr enttäuscht. ..................
41. Kochen ist eine ihrer Leidenschaften. ..................
42. Unser Wirt briet uns persönlich ein Steak. ..................
43. Morgen werden wir das ganze Haus putzen. ..................
44. Diesen Sommer hat er wieder ein Bild für mich gemalt. ..................
45. Vor lauter Aufregung vergaß die Pianistin ihre Noten. ..................
46. Die eifrigen Sammler werden bald viele Pilze finden. ..................
47. Befinden sich in dieser Stadt schöne Denkmäler ? ..................
48. Der Wirt hat bereits alle wichtigen Lebensmittel eingekauft. ..................
49. Unsere Besprechung wird nicht mehr lange dauern. ..................
50. Mein Zahnarzt wird mir morgen einen Zahn reißen. ..................
51. Die Handwerker reparierten die kaputte Waschmaschine. ..................
52. Für dieses Gericht benötigst du spezielle Zutaten. ..................
53. Der Gewinner konnte sein Glück kaum fassen. ..................
54. Zu Weihnachten habe ich viele Geschenke bekommen. ..................
55. Der erfolglose Forscher wird sein Glück noch einmal wagen. ..................
56. Stimmte deine Meinung mit seiner überein ? ..................
57. Er hat sich schon für ein neues Möbelstück entschieden. ..................
58. Die Patienten haben bereits ihre Medikamente bekommen. ..................
59. Wirst du morgen deine schmutzigen Schuhe putzen ? ..................
60. Der Geschäftsmann wird bald in ferne Länder reisen. ..................
61. Heute hast du besonders gut gekocht. ..................
62. Die meisten Märchen gehen gut aus. ..................
63. Die Ordensschwester hat eine Kerze angezündet. ..................
64. Das Hotel in der Karibik kostete sehr viel Geld. ..................
65. Am Wochenende werden wir baden gehen. ..................
66. Ein warmer Wind hat die dunklen Wolken vertrieben. ..................
67. Meine beste Freundin pflegt ihr Pferd mit Hingabe. ..................
68. Das Kind hat seinen Saft mit Begeisterung getrunken. ..................
69. Der beleidigte Mann bekam einen Wutanfall. ..................
70. Glücklicherweise gab es bei dem Unfall keine Verletzten. ..................
71. Die Lösung des Rätsels ist eigentlich nicht so schwierig. ..................
72. In den kommenden Ferien wird mein Vater viel angeln. ..................
73. Unsere Familie ist mit dem Flugzeug nach Italien geflogen. ..................
74. Bald werden die Wanderer an ihrem Ziel sein. ..................
75. Die Suche nach den Vermissten verlief bisher erfolglos. ..................
76. Wann kommt deine Tante zu Besuch ? ..................
77. Nächsten Sommer werden wir eine große Reise machen. ..................
78. Sie hat ihre beste Freundin noch nicht angerufen. ..................
79. Die Kinder werden morgen Fred treffen. ..................
80. Der Kandidat konnte keine Frage richtig beantworten. ..................

# XIII Wiederholungsteil

1) **Übungen** zum Zeitwort

a) Verwandle die vorgegebene Personalform in den jeweiligen Infinitiv:

1. er hält an ..............................
2. ich schreibe ..............................
3. sie kaufen ein ..............................
4. ihr seid ..............................
5. du birgst ..............................
6. es gibt ..............................
7. du stichst ..............................
8. sie kocht ..............................
9. er fängt ..............................
10. wir schwimmen ..............................
11. ihr bittet ..............................
12. sie lachen ..............................
13. du findest ..............................
14. er stimmt zu ..............................
15. es taucht ein ..............................
16. sie misst ..............................
17. ihr merkt an ..............................
18. wir überlegen ..............................
19. du vergisst ..............................
20. er fällt ..............................
21. ich gebe zurück ..............................
22. es geschieht ..............................
23. du magst ..............................
24. sie wählt ..............................
25. ihr säuft ..............................
26. du gräbst ..............................
27. ich gehe hinaus ..............................
28. er lässt ..............................
29. wir schrecken ..............................
30. es rät ..............................
31. du darfst ..............................
32. sie bäckt ..............................

b) Im Folgenden findest du Verben, die jeweils in der Personalform, im Infinitiv oder im Imperativ stehen. Stelle fest, um welche Form es sich handelt, und schreibe sie auf:

1. essen ..................................................
2. du liest ..................................................
3. überlegen ..................................................
4. Gib mir ! ..................................................
5. er läuft ..................................................
6. Hört auf ! ..................................................
7. ich bestelle ..................................................
8. sie versuchen ..................................................
9. Wünscht euch ! ..................................................
10. es gewinnt ..................................................
11. Miss ab ! ..................................................
12. wir bestehen ..................................................
13. verfassen ..................................................
14. Brich ! ..................................................
15. ihr glaubt ..................................................
16. tanzen ..................................................
17. sie schwimmen ..................................................
18. Stiehl nicht ! ..................................................
19. lachen ..................................................
20. Sprich ! ..................................................
21. ich friere ..................................................
22. Lade ein ! ..................................................
23. du gratulierst ..................................................
24. Friss es ! ..................................................
25. er übersetzt ..................................................
26. Bleibt doch ! ..................................................
27. fragen ..................................................
28. Sieh her ! ..................................................
29. sie denkt ..................................................
30. es spielt ..................................................
31. Hilf ihm ! ..................................................
32. schneiden ..................................................
33. Tritt nicht ! ..................................................
34. wir liegen ..................................................
35. Lies vor ! ..................................................
36. ihr braucht ..................................................
37. bekommen ..................................................

c) Unterstreiche im folgenden Text alle **Zeitwörter**:

Der Bär Juri I

Vor langer Zeit lebte einmal ein alter Bär in einem großen, düsteren Wald. Er wohnte allein in seiner Höhle und sprach mit keinem der Waldbewohner ein Wort. Natürlich wunderten sich die anderen Tiere, warum der alte Bär immer so brummig war, aber als er ihre Einladungen zum alljährlichen Fest der Tiere jedes Mal ablehnte, kümmerte sich bald niemand mehr um ihn, und man ließ ihn in Ruhe.

Eines Tages gastierte ein großer Zirkus in der Stadt, die nicht weit von dem großen Wald entfernt lag.

Der Zirkus Strubelli war in ganz Europa für seine Attraktionen bekannt. Viele Leute strömten zu den Kassen, um sich Karten für die erste Vorstellung zu kaufen, denn auf den Plakaten, die überall hingen, sah man ein Bild von dem kleinen Bären Juri, der an diesem Abend zum ersten Mal auftreten sollte.

Die Tiere des Waldes hingegen waren überhaupt nicht begeistert. Schließlich wussten sie alle, dass die Tiere im Zirkus nicht freiwillig auftraten. Sie lebten in Käfigen und durften niemals alleine irgendwohin gehen. Das war für die Waldbewohner völlig unvorstellbar.

Es wurde Abend, und das bunte Zirkuszelt füllte sich allmählich mit Zuschauern. Nachdem das Publikum seine Plätze eingenommen hatte, trat der Direktor in die Manege und begrüßte seine Gäste. Währenddessen stand der kleine Bär hinter dem roten Vorhang und wartete auf seinen ersten großen Auftritt. Nervös war er überhaupt nicht, da er alle Übungen schon hunderte Male mit seiner Trainerin probiert hatte.

Die Rede des Direktors dauerte und dauerte. Dem kleinen Bären wurde das lange Warten allmählich zu langweilig und er machte ein paar Schritte in Richtung des seitlichen Ausgangs des Zeltes. Er streckte seine Nase hinaus und schnupperte in die würzige Luft, die vom nahen Wald herüberwehte.

„Ach, ist das herrlich frisch“, dachte er, „nicht so stickig wie in dem heißen Zelt, in dem ich immer üben muss.“

Schnell sah er sich um und bemerkte, dass seine Trainerin sich angeregt mit einer Kollegin unterhielt und überhaupt nicht mehr auf ihn achtete.

„Das ist meine Chance“, dachte sich Juri und hielt noch einen Augenblick inne.

Die Rede des Zirkusdirektors war zu Ende, und mit einem feierlichen Tusch hob sich der Vorhang. Alle blickten gespannt auf den Fleck unter dem Scheinwerferspot, wo sich allerdings nur eine schmale Eisenkette an einem blauen Lederhalsband befand.

1) **Übungen** zum Hauptwort

a) Bilde je nachdem, was verlangt wird, Einzahl bzw. Mehrzahl des Nomens:

| | | | | | |
|---|---|---|---|---|---|
| 1. | der Ball | .......................... | 2. | ........................ | die Kinder |
| 3. | das Wort | .......................... | 4. | ........................ | die Tassen |
| 5. | die Angst | .......................... | 6. | ........................ | die Gegenstände |
| 7. | die Gabel | .......................... | 8. | ........................ | die Hotels |
| 9. | die Ansicht | .......................... | 10. | ........................ | die Jahre |
| 11. | das Glas | .......................... | 12. | ........................ | die Stifte |
| 13. | der Kampf | .......................... | 14. | ........................ | die Knöpfe |
| 15. | die Bahn | .......................... | 16. | ........................ | die Kränze |
| 17. | die Reise | .......................... | 18. | ........................ | die Mandeln |
| 19. | der Arbeiter | .......................... | 20. | ........................ | die Angestellten |
| 21. | der Vertrag | .......................... | 22. | ........................ | die Märkte |
| 23. | das Büro | .......................... | 24. | ........................ | die Ringe |
| 25. | die Wahl | .......................... | 26. | ........................ | die Notizen |
| 27. | das Kalb | .......................... | 28. | ........................ | die Länder |
| 29. | der Hinweis | .......................... | 30. | ........................ | die Vorwürfe |
| 31. | die Mutter | .......................... | 32. | ........................ | die Masken |
| 33. | das Haus | .......................... | 34. | ........................ | die Wälder |
| 35. | der Frosch | .......................... | 36. | ........................ | die Schwestern |
| 37. | die Wand | .......................... | 38. | ........................ | die Personen |
| 39. | das Feld | .......................... | 40. | ........................ | die Tische |
| 41. | der Schrank | .......................... | 42. | ........................ | die Mäuler |
| 43. | das Buch | .......................... | 44. | ........................ | die Uhren |
| 45. | die Truhe | .......................... | 46. | ........................ | die Öle |
| 47. | der Sessel | .......................... | 48. | ........................ | die Räder |

b) Verwandle die vorliegenden Verben bzw. Adjektive zu Nomen:

| | | | | | |
|---|---|---|---|---|---|
| 1. | bilden: | die ...................... | 2. | wissen: | die ...................... |
| 3. | schön: | die ...................... | 4. | wirken: | die ...................... |
| 5. | erfahren: | die ...................... | 6. | klug: | die ...................... |
| 7. | reich: | der ...................... | 8. | duften: | der ...................... |
| 9. | schlagen: | der ...................... | 10. | böse: | die ...................... |
| 11. | rein: | die ...................... | 12. | wünschen: | der ...................... |
| 13. | hoffen: | die ...................... | 14. | gemein: | die ...................... |
| 15. | dankbar: | die ...................... | 16. | lieben: | die ...................... |
| 17. | spielen: | das ...................... | 18. | süchtig: | die ...................... |
| 19. | heiß: | die ...................... | 20. | blühen: | die ...................... |
| 21. | trauern: | die ...................... | 22. | sicher: | die ...................... |
| 23. | gesund: | die ...................... | 24. | husten: | der ...................... |
| 25. | hindern: | das ...................... | 26. | gemütlich: | die ...................... |
| 27. | kostbar: | die ...................... | 28. | fahren: | die ...................... |
| 29. | fürchten: | die ...................... | 30. | verbieten: | das ...................... |
| 31. | fleißig: | der ...................... | 32. | glühen: | die ...................... |
| 33. | ergeben: | das ...................... | 34. | ängstlich: | die ...................... |
| 35. | einsam: | die ...................... | 36. | füttern: | das ...................... |
| 37. | tapfer: | die ...................... | 38. | zart: | die ...................... |
| 39. | springen: | der ...................... | 40. | brennen: | der ...................... |
| 41. | trinken: | das ...................... | 42. | dumm: | die ...................... |
| 43. | fröhlich: | die ...................... | 44. | lesen: | die ...................... |
| 45. | bestellen: | die ...................... | 46. | mutig: | der ...................... |
| 47. | kalt: | die ...................... | 48. | sprechen: | die ...................... |
| 49. | wandern: | die ...................... | 50. | hungrig: | der ...................... |
| 51. | eilen: | die ...................... | 52. | wiederholen: | die ...................... |

c) Setze in den folgenden Sätzen das in Klammer stehende Nomen in der richtigen Zahl und dem richtigen Fall ein:

1. Er ist kein Mensch von großen .......................... . (Wort)
2. Du findest viele .......................... auf diesem Friedhof. (Grab)
3. Viele .......................... machte der Clown im Zirkus. (Spaß)
4. Fred geht gern ins .......................... . (Kino)
5. Nach dem Tauchen verspürt er Druck in den .......................... . (Ohr)
6. Für diese Zeichnungen benötigen wir drei .......................... . (Papierbogen)
7. Das .......................... hat auch viele schöne Seiten. (Leben)
8. Bei unserem Bäcker gibt es die besten .......................... . (Semmel)
9. Auf dieser Messe findest du alle wichtigen .......................... . (Buch)
10. Der Verein besteht aus mehreren .......................... . (Mitglied)
11. Wir müssen heute noch den .......................... wechseln. (Verband)
12. Sie konnte vor lauter .......................... nicht mehr schlafen. (Schmerz)
13. Die Rennfahrer lassen schon die .......................... aufheulen. (Motor)
14. Ein Kind bestellt seinem Lehrer einen schönen .......................... . (Gruß)
15. Dieser Adelige besitzt in diversen Ländern .......................... . (Schloss)
16. Zu viel .......................... ist auch nicht gesund. (Arbeit)
17. Nach dem Studium bewarb sie sich bei diversen .......................... . (Bank)
18. Unser Bauer arbeitet auf einem seiner .......................... . (Acker)
19. Bitte, nimm die Blumen aus der .......................... ! (Vase)
20. Bei der Rauferei bekam er .......................... auf den Kopf. (Schlag)
21. Wir erwarten mit .......................... den Ausgang des Spiels. (Spannung)
22. Die Angreifer sind nur mehr wenige .......................... entfernt. (Meter)
23. Für das neue Haus brauchen wir eine Unmenge an .......................... . (Rohr)
24. In der .......................... befinden sich zehn Zigaretten. (Packung)
25. Die Besucher bewundern alle .......................... aus der Steinzeit. (Gefäß)
26. Von dem Make-up bekommst du hässliche .......................... . (Rand)
27. Sie hat noch nie eine .......................... ausgelassen. (Mahlzeit)
28. Den beiden Künstlern wurden .......................... gesetzt. (Denkmal)
29. Vom langen Wandern tun mir schon die .......................... weh. (Fuß)
30. Wohin führt diese .......................... ? (Straße)
31. Den Garten umsäumen wunderschöne .......................... . (Strauch)
32. Viele wichtige .......................... kommen zu der Tagung. (Geschäftsmann)
33. Die Wirkung des .......................... lässt langsam nach. (Medikament)
34. Heute haben die Angestellten viele .......................... verkauft. (Auto)
35. Zu Schulschluss werden die .......................... verteilt. (Zeugnis)
36. Der .......................... steht noch immer in seinem Büro. (Aktenkoffer)
37. In der neuen Wohnanlage gibt es auch .......................... . (Park)
38. Heute retteten ihm zwei .......................... das Leben. (Ärztin)

3) **Übungen** zum Geschlechtswort

a) Entscheide nun, ob im folgenden Text sich ein bestimmter oder unbestimmter Artikel besser eignet, und ergänze diesen an den entsprechenden Stellen (Achtung: Es kann auch vorkommen, dass überhaupt kein Artikel verwendet werden darf !):

Der Bär Juri II

Während sich ...................... Anwesenden noch von ...................... Schreck erholten und sich fragten, wo ...................... kleine Bär stecken könnte, war Juri längst über alle Berge. Er flüchtete direkt zum nächstgelegenen Waldrand und genoss .............. Laufen durch ...................... Wiesen und ...................... Felder. Ganz außer ...................... Atem blieb er nach ...................... paar Minuten stehen und blickte sich neugierig um. In ...................... Wald standen sehr hohe Bäume, und ...................... Blätter raschelten laut im Wind. Juri setzte sich auf ...................... Baumstumpf und überlegte, woher er jetzt etwas zu essen bekommen könnte. Schließlich hatte er schon lange ...................... Futter mehr bekommen. Er stand wieder auf und ging ...................... paar Schritte weiter. Da entdeckte er ...................... große Höhle, aus der es recht verheißungsvoll roch. Juri schlich leise hinein und jubelte bei ...................... Anblick, der sich ihm bot. Frische Beeren und anderes Obst lagen fein säuberlich auf ...................... Holzbalken. Daneben stand ...................... großer Topf aus Keramik, der verführerisch nach ...................... Honig duftete. Begeistert verschlang Juri ...................... paar Beeren und stürzte sich danach kopfüber in ...................... Honigtopf.
Vor ...................... lauter Schlecken und Schmatzen bemerkte er gar nicht, dass ...................... alte Bär von seinem Spaziergang zurückgekommen war und ihn mit ...................... großem Ärger beobachtete.
„Was fällt denn dir ein ?“, brüllte er ...................... kleinen Bären an, der vor Schreck sofort auf seinen Allerwertesten fiel. „Ich, ich … “, stotterte ...................... Juri verängstigt, „wollte doch bloß ein wenig essen, wo ich doch so hungrig war … .“
„Und da marschierst du so einfach in ...................... Höhle und stiehlst meine Vorräte ?“, fragte ...................... alte Bär erbost und überlegte, wie er ...................... kleinen Bären am besten bestrafen könnte.
Juri schaute ...................... alten Bären mit ...................... großen Augen an und fragte sich, warum dieser so böse auf ihn war. So wie er ihn jetzt mit seinen wütenden Augen ansah, war er wahrscheinlich zu allem fähig.
...................... dicke Träne ...................... Verzweiflung quoll aus Juris Auge und rollte in ...................... flauschige Bärenfell.

b) Verbessere den Stil der folgenden Sätze:

1. Zum Frühstück esse ich jeden Tag das Müsli mit der Milch.

   ......................................................................................................................

2. Eine Katze und Hund laufen durch den Garten.

   ......................................................................................................................

3. Ich gehe arbeiten, um das Geld zu verdienen.

   ......................................................................................................................

4. Sie feiert ohne die Rücksicht auf ihre Nachbarin.

   ......................................................................................................................

5. Den Kindern ist das Essen und Mitnehmen von Getränken erlaubt.

   ......................................................................................................................

6. Er ist außer sich vor der Wut.

   ......................................................................................................................

7. Für einen guten Teig brauchen wir die Butter, das Mehl und die Eier.

   ......................................................................................................................

8. Mit den Blumen und den Komplimenten eroberte er ihr Herz.

   ......................................................................................................................

9. Sie haben eine hübsche und eine wohlerzogene Tochter.

   ......................................................................................................................

10. Auf dem Schreibtisch liegen eine Schere und Bleistift.

    ......................................................................................................................

11. Bei der Zeugnisverteilung herrschte die große Freude.

    ......................................................................................................................

12. Bitte, rufe mich, wenn du die Hilfe benötigst !

    ......................................................................................................................

13. Wir alle lieben das Obst und das Gemüse.

    ......................................................................................................................

4) **Übungen** zum persönlichen bzw. besitzanzeigenden Fürwort

a) Setze vor die vorgegebenen Verben die passenden persönlichen Fürwörter der 3. P. EZ (männlich, weiblich und sächlich) im richtigen Fall:

1. ........................................................................ vertrauen
2. ........................................................................ dienen
3. ........................................................................ quälen
4. ........................................................................ lieben
5. ........................................................................ geben
6. ........................................................................ helfen
7. ........................................................................ anrufen
8. ........................................................................ wünschen
9. ........................................................................ vergessen
10. ........................................................................ begegnen
11. ........................................................................ beistehen
12. ........................................................................ schlagen
13. ........................................................................ ausweichen
14. ........................................................................ grüßen
15. ........................................................................ folgen
16. ........................................................................ schätzen
17. ........................................................................ mögen
18. ........................................................................ beschützen
19. ........................................................................ loben
20. ........................................................................ sehen
21. ........................................................................ pflegen
22. ........................................................................ betreuen
23. ........................................................................ verstehen
24. ........................................................................ nützen

b) Setze die fehlenden persönlichen bzw. besitzanzeigenden Fürwörter in ihrer richtigen Form ein:

## Der Bär Juri III

„Es tut ........................... leid, dass ich ........................... Vorräte aufgegessen habe“, schluchzte Juri leise, „aber ........................... hatte so großen Hunger und wusste nicht, wo ........................... sonst etwas zu essen bekomme hätte.“
Der alte Bär ließ sich seufzend auf den Boden nieder und sah ........................... stirnrunzelnd an, „Hat ........................... denn deine Mutter nicht beigebracht, wie man sich mit Nahrungsmitteln versorgt ?“
Der kleine Bär schüttelte verneinend den Kopf. „Ich kann ........................... an ........................... Mutter gar nicht mehr erinnern, denn ........................... kam schon als Baby zum Zirkus, und da bekommst ........................... Futter von den Trainern.“
In den Augen des großen Bären leuchtete so etwas wie Verständnis auf. „Ach so ist das“, sagte ........................... und kratzte sich verlegen am Rücken.
Der kleine Bär rückte vorsichtig näher und fragte ........................... scheu: „Weißt ........................... denn überhaupt, was ein Zirkus ist? Schließlich lebst ........................... hier in diesem einsamen Wald und kommst sicherlich nicht oft in die Stadt.“
Der alte Bär nickte kummervoll: „........................... hatte einen kleinen Bruder, für den ........................... gesorgt habe, nachdem unsere Eltern gestorben waren.“
Der kleine Bär richtete sich erwartungsvoll auf und lauschte interessiert. „........................... lebten damals in einem anderen Wald, wo es leider sehr viele Jäger gab. Jedenfalls kamen eines Tages mehrere Jäger auf einmal, um Bären zu fangen, die ........................... dann an einen Zirkus verkaufen wollten ........................... Bruder und ........................... liefen so schnell ........................... konnten, aber ........................... war leider zu langsam und ........................... nahmen ........................... gefangen. Bevor ........................... irgendwie helfen konnte, waren ........................... schon weg. An diesem Tag zog ........................... aus diesem Wald fort und kam hierher ........................... war so traurig, dass ........................... mit niemandem mehr reden und nur allein sein wollte.“
.Juri wollte den armen alten Bären trösten, aber ........................... wusste nicht, wie. Hilflos streckte ........................... Pfote aus und tätschelte ........................... den Rücken. Der alte Bär seufzte wieder und meinte dann fragend: „Aber was machen ........................... jetzt mit ........................... ? ........................... bist doch sicher aus dem Zirkus weggelaufen, oder ?“ Der kleine Bär nickte schuldbewusst.

5) **Übungen** zum Vorwort

Verbessere die folgenden Sätze, indem du entweder das falsche Vorwort durch ein richtiges ersetzt oder die Fallendungen korrigierst:

1. Der Junge wirft den Ball gegen der Mauer.

   ..........................................................................................................

2. Meine Oma trägt einen Hut über dem Kopf.

   ..........................................................................................................

3. Ein Fahrrad steht hinter den Gartenzaun.

   ..........................................................................................................

4. Du musst etwas für deine schlechte Laune tun !

   ..........................................................................................................

5. Sie redet immer während der Film.

   ..........................................................................................................

6. Über die Hilfe seiner Nachbarn konnte er sich befreien.

   ..........................................................................................................

7. Gegen dem Willen seines Bruders darf er das nicht machen.

   ..........................................................................................................

8. Fred spielt mit die Kinder Ball.

   ..........................................................................................................

9. Der Himmel beginnt über die Wolken.

   ..........................................................................................................

10. Dieser Teppich hängt auf der Wand.

    ..........................................................................................................

11. Außer den Lehrer war niemand anwesend.

    ..........................................................................................................

12. Bitte, bringt die Koffer in den Zimmern !

    ..........................................................................................................

6) **Übungen** zum Eigenschaftswort

a) Ergänze die Endungen:

1. Trotz lang.... Wartens bekamen wir leider die Karten nicht.
2. Die Frau begann, aus voll.... Halse zu lachen.
3. Bei solch.... Wetter gehe ich am liebsten hinaus.
4. Das Kind stammt wirklich nicht aus arm.... Hause.
5. Fred ist wirklich immer bei gut.... Appetit.
6. Unser Lehrer fühlte sich in höchst.... Maße geschmeichelt.
7. Die Verhandlungspartner kamen einander auf halb.... Wege entgegen.
8. Wir haben alle in gut.... Glauben gehandelt.
9. Das Rennen lief nicht ohne berechtigt.... Zweifel.
10. Im hoh.... Alter von 90 Jahren starb der bekannte Komponist.
11. Trotz größt.... Vorsicht kam es zu dem schrecklichen Unfall.
12. In eng.... und stickig.... Räumen fühle ich mich nicht wohl.
13. Nach einem gehaltvoll.... Essen braucht er immer eine Pause zur langsam.... Erholung.
14. Das Konzert wurde wegen stark.... Regens abgesagt.
15. Wir haben die Neuigkeit aus verlässlich.... Quelle erfahren.
16. Immer mehr Blut schoss aus der schrecklich.... Wunde.
17. Wegen lieblos.... Behandlung wurde er von ihr verlassen.
18. Mein Onkel fährt zu sein.... Freunden nach Ungarn.
19. Das Gesetz wurde trotz schärfst.... Protestes durchgesetzt.
20. Bei heiß.... und schwül.... Wetter brachen wir zu unserer anstrengend.... Wanderung auf.
21. Das Publikum aß während des spannend.... Films Popcorn.
22. Auf Grund der zahllos.... Beleidigungen musste sie schließlich das Lager verlassen.
23. Der Lehrer gab das geliehene Buch mit best.... Dank zurück.
24. Bei andauernd.... Schlechtwetter fahren wir wieder nach Hause.
25. In dem groß.... gelb.... Haus wohnt meine Schwester mit ihrer ganz.... Familie.
26. Infolge übermäßig.... Sonnenbadens bekam sie einen Sonnenbrand.
27. Seit frühest.... Kindheit lebte das kleine Mädchen bei entfernt.... Verwandten.
28. Wir wanderten seit länger.... Zeit auf dem schmal.... und eng.... Bergpfad.
29. Dieses Pferd befindet sich vor wichtig.... Rennen immer in best.... Form.
30. Der Unfall passierte aufgrund fahrlässig.... Verhaltens.

b) Setze in den folgenden Sätzen Positiv, Komparativ oder Superlativ ein:

1. Sie ist die ..................... Schülerin meiner Klasse. (gut)
2. Das Kind dort hinten ist ..................... als dieses da. (artig)
3. Bei einem Waldspaziergang ist sie immer am ..................... . (glücklich)
4. Sie wird jeden Tag immer ..................... . (unverschämt)
5. Am ..................... ist jenes seiner Bücher. (bekannt)
6. Die alte Frau wirkt schon ziemlich ..................... . (verbraucht)
7. In Nordfrankreich waren die Regenfälle am ..................... . (heftig)
8. Die Mutter ist sehr ..................... um ihre Kinder. (besorgt)
9. Der alte Geschäftsmann ist ..................... als der junge. (vermögend)
10. Ich finde dieses Mädchen am ..................... . (hübsch)
11. Unser Dach ist leider nicht ..................... . (dicht)
12. Philosophen sind oft ..................... und ..................... . (klug, weise)
13. Das Wasser in diesem See ist ..................... als in unserem Teich. (klar)
14. Wir benötigen am ..................... Wasser für die Durstigen. (dringend)
15. Alle Tiere in diesem Gehege sind ganz ..................... . (zahm)
16. Ist es in Schottland ..................... als bei uns ? (kühl)
17. Das Model ist heute noch ..................... als beim letzten Mal. (dünn)
18. Meine Banknachbarin wohnt am ..................... von mir entfernt. (weit)
19. Seine ..................... Fahrt endete abrupt. (rasant)
20. Sie fühlt sich nach dem zweiten Glas viel ..................... . (beschwingt)
21. Euer Vater hat das ..................... Auto weit und breit. (elegant)
22. Alle Äpfel sind ..................... als die Birnen. (reif)
23. Ist das Gesicht der alten Frau von Falten ..................... ? (zerfurcht)
24. Ich kann das Ortsschild ..................... erkennen. (deutlich)
25. Nach der Operation fühlt er sich wirklich ..................... . (elend)
26. Sind Rehe ..................... als andere Waldtiere ? (scheu)
27. Hier ist es aber sehr ..................... . (dunkel)
28. Von all meinen Kindern ist Fred am ..................... . (lebhaft)
29. Du musst den Kaffee ..................... reiben als zuerst. (fein)
30. Die Aufgabe gestaltete sich ....................., als wir dachten. (schwierig)
31. Für dieses Fahrrad bist du leider noch viel zu ..................... . (klein)
32. Der Pfad zur Hütte war sehr ..................... . (steinig)
33. Das kleine Baby schläft ..................... und ..................... . (tief, fest)
34. Hunde sind angeblich ..................... als Katzen. (treu)
35. Dieser Teilnehmer erscheint mir am ..................... . (kräftig)
36. Nichts liegt mir ..................... , als dich zu beleidigen. (fern)
37. Wenn eine schlechte Note droht, ist sie am ..................... . (fleißig)
38. Ein kleines Trinkgeld ist bei uns durchaus ..................... . (üblich)
39. Sei doch nicht immer so ..................... ! (zimperlich)

7) **Übungen** zu den Wortarten:

Erkenne nun in den vorgegebenen Punkten die jeweiligen Wortarten und schreibe sie daneben auf:

1. der Mann ..........................................................................
2. Vater geht ..........................................................................
3. mein schönes Buch ..........................................................................
4. eine lustige Überraschung ..........................................................................
5. die Kinder schlafen gut ..........................................................................
6. eine reiche Frau ..........................................................................
7. ich laufe ..........................................................................
8. die erfolgreiche Schülerin ..........................................................................
9. während des Unterrichts ..........................................................................
10. die Kinder schlafen ..........................................................................
11. ein interessantes Bild ..........................................................................
12. mit dem Jungen ..........................................................................
13. die heftigen Regenfälle ..........................................................................
14. ein Mann hat geglaubt ..........................................................................
15. hohe Berge ..........................................................................
16. wir sehen das Mädchen ..........................................................................
17. ein heftiger Streit ..........................................................................
18. bunte Blätter ..........................................................................
19. sie ist gelaufen ..........................................................................
20. die Glocke hat geläutet ..........................................................................
21. ihre Blumen ..........................................................................
22. laut Fahrplan ..........................................................................
23. wichtige Entscheidungen ..........................................................................
24. ihr seid müde ..........................................................................
25. mein Freund ..........................................................................
26. nach Italien gefahren ..........................................................................
27. unser schwarzer Hund ..........................................................................
28. mit Freude ..........................................................................
29. das Essen hat geschmeckt ..........................................................................
30. ruhiger Schüler ..........................................................................
31. ein Gewitter wird kommen ..........................................................................
32. die große Versöhnung ..........................................................................
33. über den Wolken ..........................................................................
34. eure schwierigen Aufgaben ..........................................................................
35. Möwen fliegen ..........................................................................
36. er wird gehen ..........................................................................

8) **Übungen** zu den Satzgliedern

a) Unterscheide im Folgenden zwischen dem Satzglied im Dativ bzw. im Akkusativ und setze „ihm“ oder „ihn“ ein:

1. Wir beobachten ............ beim Lesen.
2. Der Vater reicht ............ die Hand.
3. Sie gibt ............ ein Geschenk.
4. Fürchtet sich jemand vor ............ ?
5. Für das Amt des Klassensprechers konnte man ............ vorschlagen.
6. Ein Meister hat ............ im Schach geschlagen.
7. Die Kinder werden ............ niemals vergessen.
8. Bitte, reiche ............ das Buch !
9. Auf ............ ist kein Verlass !
10. Der Lehrer hat ............ nicht durchfallen lassen.
11. Kannst du ............ sehen ?
12. Habt ihr ............ vertraut ?
13. Ich muss ............ heute noch anrufen.
14. Wir möchten ............ einen Hund schenken.
15. Ein Kellner bringt ............ ein Glas Bier.
16. Er fordert ............ auf, zu schweigen.
17. Die Kommission wird ............ bald prüfen.
18. Fred trifft ............ jeden Tag.
19. Wirst du ............ verzeihen ?
20. Die Friseurin schneidet ............ die Haare.
21. Er weist ............ auf die Sicherheitsrisiken hin.
22. Das alles tut ............ furchtbar leid.
23. Wir werden ............ nächstes Jahr wieder verstecken.
24. Hier ist der Bericht. Hast du ............ schon gelesen ?
25. Die Buben spielen ............ einen Streich.
26. Es macht ihr eine Freude, ............ zu bekochen.
27. Die Angestellten legen ............ die Abrechnung vor.
28. Ein Maler zeigte ............ sein Bild.
29. Der Pokal ist ein Geschenk, du darfst ............ nicht verkaufen.
30. Sie wird ............ ein Paket schicken.
31. Wir reden nicht gern über ............ .
32. Ohne ............ werden wir die Arbeit nicht schaffen.
33. Soll ich ............ glauben ?
34. Dieser Gutschein ist für ............ .
35. Seine Eltern kaufen ............ ein Auto.
36. Ich werde ............ einen Brief schreiben.

b) Bilde aus den vorgegebenen Wörtern einen sinnvollen Satz:

1. gibt fleißigen der einen der Arbeitszettel Schülerin Lehrer.

   ..........................................................................................................

2. großartiges der Tor schoss Stürmer ein schnelle.

   ..........................................................................................................

3. den Affe Hand biss angriffslustige die Pfleger in der.

   ..........................................................................................................

4. ging Gruß Tür er ohne zur hinaus.

   ..........................................................................................................

5. Zeiten oft an denkt sie noch frühere ?

   ..........................................................................................................

6. viel den gebacken Kuchen sie mit hat Liebe.

   ..........................................................................................................

7. sein er Begeisterung wäscht großer mit Auto.

   ..........................................................................................................

8. Kaffee Tante uns Kuchen meine empfing mit und.

   ..........................................................................................................

9. wird sein nach Vater kommen Hause bald hoffentlich !

   ..........................................................................................................

10. Reisegruppe die fährt wohin Bus unternehmungslustige dem mit ?

    ..........................................................................................................

11. zurück ausgeborgte mir Buch das bitte gib !

    ..........................................................................................................

12. gewesen nie noch bin Neuseeland ich in.

    ..........................................................................................................

13. Buchhalter wird dem jemals er untreuen verzeihen ?

    ..........................................................................................................

9) **Übungen** zu Satzgegenstand und Satzaussage

Erkenne im folgenden Text alle Subjekte und Prädikate und unterstreiche sie:

### Der Bär Juri IV

Es war wirklich eine schwierige Situation. Der alte Bär verstand Juri sehr gut, doch andererseits wusste er nicht, was er mit ihm anfangen sollte. „Bitte, schicke mich nicht in den Zirkus zurück", bettelte der kleine Bär verzweifelt, „ich werde hier bei dir in diesem schönen Wald leben, und du wirst mir alles Wichtige beibringen." Seine großen schwarzen Knopfaugen leuchteten vor Begeisterung.

Der alte Bär dachte lange nach. „Ich bin doch alt und langweilig. Bei mir wirst du dich doch auf Dauer nicht wohlfühlen", meinte er schließlich und lächelte entschuldigend. Doch Juri lächelte nicht zurück. „Schade", sagte er und drehte den Kopf zur Seite, „dann werde ich eben in den Zirkus zurückgehen und dort unglücklich sein." Er lief aus der Höhle und trat den Rückweg zum Zirkus an.

Als er auf der Anhöhe stand, von der man einen schönen Ausblick auf die Stadt hat, blieb er kurz stehen und seufzte tief. „Wenn ich jetzt zurückkomme, werde ich wohl eine Strafe bekommen", dachte er, „wahrscheinlich streichen sie mir den Nachtisch. Oder ich muss eine Stunde Zusatztraining machen."

Er machte gerade den ersten Schritt nach vorne, als er plötzlich eine schwere Pranke auf seiner linken Schulter spürte. „Warte", brummte hinter ihm eine tiefe Stimme, „ich habe es mir anders überlegt. Du darfst bei mir bleiben. Aber nur, wenn du wirklich brav bist und alles lernst, was ich dir sage." Der kleine Bär nickte begeistert und schüttelte ihm dankbar die Pfote.

Juri erfuhr, dass sein großer neuer Freund Lenski hieß, und seit jenem Tag waren die beiden unzertrennlich. Lenski brachte ihm bei, wie man nach Nahrung sucht, was gar nicht so leicht war, und Juri wiederum war glücklich, als der alte Brummbär zum ersten Mal über einen seiner Witze herzlich lachte.

Natürlich hatten sie auch manchmal Streit, aber echte Freunde finden immer wieder einen Weg zur Versöhnung. Beide gaben ihre Sturheit auf, denn eine wahre Bärenfreundschaft hält schließlich jede Meinungsverschiedenheit aus.

10) **Übungen** zu den Satzarten

Stelle fest, um welche Satzart es sich bei den jeweiligen Sätzen handelt, und schreibe sie auf:

1. Die Ampel ist heute nicht eingeschaltet. ........................
2. Wer kommt heute zum Essen ? ........................
3. Alle Kinder freuen sich schon auf Weihnachten. ........................
4. Wahrscheinlich werden wir wieder nach Tirol fahren. ........................
5. Sei heute einmal ausnahmsweise pünktlich ! ........................
6. Meine Tante bevorzugt helle Farben. ........................
7. Wohin führt dieser Gang ? ........................
8. Hast du schon den neuen Film im Kino gesehen ? ........................
9. Leider gehen nicht viele junge Leute in die Oper. ........................
10. Bitte, hilf mir bei meiner Hausübung ! ........................
11. Wann werden die Kinder die Geschenke aufmachen ? ........................
12. Die meisten Menschen müssen für ihren Lohn arbeiten. ........................
13. Das Geigensolo gefiel mir außerordentlich gut. ........................
14. „Was möchten Sie trinken ?“ ........................
15. Du solltest deine Gesundheit nicht gefährden ! ........................
16. Fährt er gern mit dem Bus zur Schule ? ........................
17. Nach dem Schulabschluss möchte ich studieren. ........................
18. Unser Bäcker steht jeden Tag um halb vier Uhr auf. ........................
19. Hat der Patient seine Spritze schon bekommen ? ........................
20. Alle Gäste stürzten zum kalten Buffet. ........................
21. Werden wir sie jemals wiedersehen ? ........................
22. Kostet doch das gute Essen ! ........................
23. Weshalb ist sie so schlecht gelaunt ? ........................
24. Der letzte Ausflug in die Berge war enttäuschend. ........................
25. Meine Lieblingsfächer sind Deutsch und Englisch. ........................
26. Existiert von diesem Film auch eine Fortsetzung ? ........................
27. Wir haben versehentlich die nette Schwester vergessen. ........................
28. Hört sofort mit diesem Unsinn auf ! ........................
29. Die Müllabfuhr leistet der Stadtbevölkerung gute Dienste. ........................
30. Wir besuchen am Nachmittag meine Eltern. ........................
31. Ist deine Mutter schon einkaufen gegangen ? ........................
32. Die Wetterprognose für das Wochenende ist schlecht. ........................
33. Lasst uns ein wenig feiern ! ........................
34. Fred hat heute noch gar nichts gegessen. ........................

11) Übungen zu den Zeitstufen und -formen

Bilde auf Grund der Angabe die richtige Form:

**Bsp.:** 1. Person, Mehrzahl, Perfekt, kaufen: *wir haben gekauft*

1. 1. Person, Einzahl, Präsens, **fragen**: ..........................................
2. 2. Person, Mehrzahl, Präteritum, **befehlen**: ..........................................
3. 3. Person, Einzahl, Perfekt, **laufen**: ..........................................
4. 1. Person, Mehrzahl, Futur, **genießen**: ..........................................
5. 2. Person, Einzahl, Präsens, **schwören**: ..........................................
6. 3. Person, Mehrzahl, Präteritum, **beginnen**: ..........................................
7. 3. Person, Einzahl, Perfekt, **gelingen**: ..........................................
8. 2. Person, Mehrzahl, Futur, **stechen**: ..........................................
9. 1. Person, Einzahl, Präsens, **reden**: ..........................................
10. 2. Person, Mehrzahl, Präteritum, **lieben**: ..........................................
11. 1. Person,Einzahl, Perfekt, **schwimmen**: ..........................................
12. 3. Person, Mehrzahl, Futur, **braten**: ..........................................
13. 3. Person, Einzahl, Präsens, **frieren**: ..........................................
14. 2. Person, Mehrzahl, Präteritum, **flechten**: ..........................................
15. 1. Person, Mehrzahl, Perfekt, **gießen**: ..........................................
16. 2. Person, Mehrzahl, Futur, **bieten**: ..........................................
17. 3. Person, Einzahl, Präsens, **scheinen**: ..........................................
18. 2. Person, Mehrzahl, Präteritum, **halten**: ..........................................
19. 2. Person, Einzahl, Perfekt, **sprechen**: ..........................................
20. 1. Person, Mehrzahl, Futur, **zahlen**: ..........................................
21. 3. Person, Einzahl, Präsens, **steigen**: ..........................................
22. 1. Person, Mehrzahl, Präteritum, **graben**: ..........................................
23. 2. Person, Einzahl, Perfekt, **brechen**: ..........................................
24. 1. Person, Mehrzahl, Futur, **streicheln**: ..........................................
25. 3. Person, Einzahl, Präsens, **hängen**: ..........................................
26. 3. Person, Mehrzahl, Präteritum, **heben**: ..........................................
27. 2. Person, Einzahl, Perfekt, **leihen**: ..........................................
28. 1. Person, Mehrzahl, Futur, **löschen**: ..........................................
29. 2. Person, Einzahl, Präsens, **rechnen**: ..........................................
30. 3. Person, Mehrzahl, Präteritum, **brennen**: ..........................................
31. 1. Person, Einzahl, Perfekt, **bürsten**: ..........................................
32. 1. Person, Mehrzahl, Futur, **messen**: ..........................................
33. 3. Person, Einzahl, Präsens, **antworten**: ..........................................
34. 2. Person, Mehrzahl, Präteritum, **reiben**: ..........................................
35. 1. Person, Einzahl, Perfekt, **denken**: ..........................................

36. 2. Person, Mehrzahl, Futur, **reißen**: ..........................................
37. 3. Person, Einzahl, Präsens, **klingen**: ..........................................
38. 2. Person, Mehrzahl, Präteritum, **klatschen**: ..........................................
39. 1. Person, Einzahl, Perfekt, **helfen**: ..........................................
40. 3. Person, Mehrzahl, Futur, **zupfen**: ..........................................
41. 2. Person, Einzahl, Präsens, **schenken**: ..........................................
42. 1. Person, Mehrzahl, Präteritum, **empfehlen**: ..........................................
43. 3. Person, Einzahl, Perfekt, **singen**: ..........................................
44. 2. Person, Mehrzahl, Futur, **kochen**: ..........................................
45. 1. Person, Einzahl, Präsens, **rennen**: ..........................................
46. 1. Person, Mehrzahl, Präteritum, **weinen**: ..........................................
47. 2. Person, Einzahl, Perfekt, **erschrecken**: ..........................................
48. 3. Person, Mehrzahl, Futur, **trösten**: ..........................................
49. 2. Person, Einzahl, Präsens, **schließen**: ..........................................
50. 3. Person, Mehrzahl, Präteritum, **leiden**: ..........................................
51. 1. Person, Einzahl, Perfekt, **riechen**: ..........................................
52. 3. Person, Mehrzahl, Futur, **heben**: ..........................................
53. 3. Person, Einzahl, Präsens, **fahren**: ..........................................
54. 1. Person, Mehrzahl, Präteritum, **sitzen**: ..........................................
55. 2. Person, Einzahl, Perfekt, **rufen**: ..........................................
56. 2. Person, Mehrzahl, Futur, **nennen**: ..........................................
57. 1. Person, Einzahl, Präsens, **essen**: ..........................................
58. 3. Person, Mehrzahl, Präteritum, **fangen**: ..........................................
59. 1. Person, Einzahl, Perfekt, **steigen**: ..........................................
60. 2. Person, Mehrzahl, Futur, **sammeln**: ..........................................
61. 3. Person, Einzahl, Präsens, **schleichen**: ..........................................
62. 1. Person, Mehrzahl, Präteritum, **lügen**: ..........................................
63. 2. Person, Einzahl, Perfekt, **finden**: ..........................................
64. 2. Person, Mehrzahl, Futur, **mähen**: ..........................................
65. 3. Person, Einzahl, Präsens, **streiten**: ..........................................
66. 2. Person, Mehrzahl, Präteritum, **liegen**: ..........................................
67. 3. Person, Einzahl, Perfekt, **trinken**: ..........................................
68. 3. Person, Mehrzahl, Futur, **fliegen**: ..........................................
69. 2. Person, Einzahl, Präsens, **zwingen**: ..........................................
70. 1. Person, Mehrzahl, Präteritum, **schreien**: ..........................................
71. 2. Person, Einzahl, Perfekt, **rauchen**: ..........................................
72. 3. Person, Mehrzahl, Futur, **fließen**: ..........................................

# XIV Anhang

## 1) Zum Hauptwort

***Merke:*** *In der deutschen Sprache existieren eine Reihe von Nomen, die unterschiedliche Bedeutungen haben können. Man nennt sie Homonyme.*

a) Im Folgenden sind einige dieser Homonyme alphabetisch aufgelistet:

| | | |
|---|---|---|
| Artikel: | Geschlechtswort | Zeitungsbericht |
| Ball: | Fußball | Tanzveranstaltung |
| Band: | Stirnband | Buch, Lexikon |
| Bank: | Geldinstitut | Parkbank, Sitzgelegenheit |
| Bar: | Lokal | Maßeinheit |
| Bau: | Gebäude | Tierhöhle, Fuchsbau |
| Bauer: | Landwirt | Erbauer, Vogelkäfig |
| Boden: | Fußboden | Dachboden, Erdboden |
| Bund: | Hosenbund | Ehebund, Vereinigung |
| Decke: | Zimmerdecke | Bettdecke |
| Dichtung: | Gedicht | Vorrichtung zum Abdichten |
| Fall: | Sturz | Begriff der deutschen Grammatik |
| Feder: | Schreibgerät | Vogelfeder, Sprungfeder, Blattfeder |
| Fessel: | Teil des Beins | Band, Kette |
| Fuge: | Musikstück | Verbindungsstelle |
| Futter: | Tiernahrung | Bestandteil eines Kleidungsstücks |
| Gehalt: | Inhalt | Einkommen, Bezahlung |
| Gericht: | Speise | Justizbehörde |
| Golf: | Meeresbucht | Rasenspiel |
| Hahn: | Wasserhahn | männliches Huhn |
| Kiefer: | Schädelknochen | Nadelbaum |
| Krebs: | Tier | Krankheit |
| Laster: | LKW | schlechte Angewohnheit |
| Leiter: | Steigleiter | Stromleiter, Führer einer Gruppe |
| Mark | Knochenmark | Vorname |
| Messe: | Gottesdienst | Veranstaltung, Buchausstellung |
| Mine: | Sprengkörper | Bleistifteinlage, Bergwerk |
| Moment: | Augenblick | entscheidender Umstand |
| Mutter: | Kindesmutter | Schraubenteil |
| Pass: | Bergübergang | Reisedokument, Ballübergabe |

| | | |
|---|---|---|
| Pflaster: | Straßenbelag | Schutzverband |
| Puppe: | Spielzeug | Schmetterling vor dem Schlüpfen |
| Radio: | Hörfunk | Apparat, Gerät |
| Rost: | Ofengitter | zersetztes, oxidiertes Eisen |
| Schild: | Schutzschild | Türschild |
| Schloss: | Türschloss | Herrschaftssitz |
| Sekretär: | Möbelstück | männliche Bürohilfe, Schreibkraft |
| Steuer: | Lenkrad | Abgabe an den Staat |
| Stift: | Bleistift | Kloster |
| Strauß: | Vogelart | Blumenstrauß |
| Tau: | Morgentau | Seil |
| Ton: | Musikton | Farbton, Lehm |
| Tor: | Eingangstor | dummer Mensch |
| Urne: | Gefäß für Totenasche | Behälter für Wahlzettel |
| wachsen: | größer werden | mit Wachs einreiben |
| Weise: | Melodie | kluger Mensch |
| Zug: | Lufthauch | Verkehrsmittel, Prozession |

Versuche nun mit den vorgegebenen Nomen – jeweils ihrer Bedeutung entsprechend – einen Satz zu bilden (Anm.: Zu dieser Übung gibt es keine Lösung, da auf Grund der Vielfalt der Beispiele keine Überprüfung möglich wäre):

Bsp.: Fred wirft seinem Freund den weißen **Ball** zu.
Fred geht mit seiner Freundin auf einen großen **Ball**.

..............................................................................................................

..............................................................................................................

..............................................................................................................

..............................................................................................................

..............................................................................................................

..............................................................................................................

..............................................................................................................

..............................................................................................................

..............................................................................................................

..............................................................................................................

..............................................................................................................

..............................................................................................................

..............................................................................................................

..............................................................................................................

## 1) Zum Geschlechtswort
### das oder dass?

***Merke:*** *Die Unterscheidung zwischen* ***„das"****, dem* ***Artikel*** *bzw.* ***Pronomen****, und* ***„dass"****, der* ***Konjunktion****, lässt sich anhand der* ***Ersetzungsprobe*** *feststellen. „Das" mit einfachem s kann man entweder mit „dieses" oder mit „welches" ersetzen. „Dass" mit doppeltem s lässt sich* ***nicht*** *ersetzen.*

a) Setze nun in den folgenden Sätzen das bzw. dass ein und nimm dabei die Ersetzungsprobe zu Hilfe:

1. Ich glaube nicht, .................... Wetter heute noch besser wird.
2. .................... Pferd, .................... auf der Wiese steht, gefällt mir sehr gut.
3. .................... Fred es gut mit uns meint, .................... geht auch daraus hervor, .................... er uns immer mit Rat und Tat zur Seite steht.
4. Wir sind der Meinung, .................... du mehr lernen solltest.
5. .................... die Kinder heute nicht kommen können, ist sehr schade.
6. Ist .................... Mädchen, .................... wir gestern schon gesehen haben ?
7. Reiche mir .................... Glas, .................... auf dem Regal steht !
8. Wie ist .................... möglich, .................... so viele Menschen glauben, .................... .................... Leben hart und ungerecht ist ?
9. Er ist der Meinung, .................... alle Menschen eine gute Schulbildung haben sollten .................... wird dann deutlich, wenn er sein Bildungsprogramm vorstellt.
10. .................... kann nicht dein Ernst sein, .................... du so einfach aufgibst.
11. Sie erfuhren, .................... der Schikurs dieses Jahr entfallen würde.
12. .................... Bild, .................... ich gesehen habe, ist sehr wertvoll.
13. Mein Vater findet nicht, .................... wir schon gehen sollten.
14. Weißt du, .................... wir morgen Schularbeit haben ?
15. .................... nicht der richtige Weg sein kann, war mir immer klar.
16. .................... Gerücht, .................... heute eine Demonstration stattfinden sollte, hat sich nicht bewahrheitet.
17. Gib mir .................... Buch, .................... auf dem Tisch liegt !
18. Fred ist sicher, .................... er eine gute Note bekommen wird.
19. Du kannst nicht darauf bestehen, .................... alle Kinder zu deiner Feier kommen .................... geht nicht.
20. Glaube ja nicht, .................... du immer Recht bekommen wirst !

21. .................... du ihm damit eine riesige Freude bereitest, finden wir alle.
22. Obwohl es nicht der Wahrheit entspricht, .................... er gestern mit dem Hund spazieren ging, behauptete er .................... seiner Mutter gegenüber.
23. Sie ruft: „Nein, .................... darf nicht sein !“
24. .................... kleine Mädchen, ............... wir im Supermarkt gesehen haben, wohnt gegenüber.
25. Bei ihrem Geburtstag trug er ein Gedicht vor, .................... er eigens zu diesem Anlass geschrieben hatte.
26. .................... Reisen Spaß machen kann, wissen alle Kinder.
27. Wenn man bedenkt, .................... du .................... Spiel überhaupt nicht kanntest, warst du sehr gut.
28. Sie ist der festen Überzeugung, .................... wir damit Erfolg haben werden.
29. .................... er mit seinen Behauptungen Recht hat, wirst du bald einsehen.
30. Dein ewiges Hin und Her, .................... uns alle nervös macht, muss endlich ein Ende haben.
31. Wir suchen nach einem Hotel, .................... nicht zu teuer ist.
32. .................... wir den Wettkampf gewinnen werden, .................... glaubt wirklich niemand.
33. Wir dürfen nicht vergessen, .................... sie noch ein kleines Kind ist, .................... viel Aufmerksamkeit braucht.
34. Für .................... Geld, .................... meine Eltern für das Zigarettenrauchen verbrauchen, könnte ich mir viele schöne Dinge kaufen.
35. Du wirst feststellen, ................. deine neuen Mitschüler alle sehr nett sind.
36. Vielleicht kommt .................... Kopfweh daher, .................... du zu wenig geschlafen hast.
37. Der Läufer schaffte es, .................... Spielfeld schnell zu überqueren.
38. Ich wünsche, .................... du sofort mit diesem Geschrei aufhörst.
39. Sobald sie bemerken, .................... wir nicht da sind, werden sie uns suchen.
40. Die Arbeiter beginnen damit, .................... Zelt abzubauen.
41. Fred glaubte nicht mehr daran, .................... er seinen Freund jemals wiedersehen würde.
42. Ein Gefühl, .................... ich schon lange Zeit habe, sagt mir, .................... wir noch eine Überraschung erleben werden.
43. Wir warten darauf, .................... du endlich die Wahrheit sagst.
44. Gesundheit, .................... ist .................... Wichtigste im Leben.
45. Sie ist so müde, .................... sie keine zehn Meter mehr laufen kann.
46. Ich möchte festhalten, .................... es sich hier um eine Fälschung handelt.

47. Schon allein die Tatsache, .................... du glaubst, .................... hier Betrug vorliegt, trifft uns alle sehr.
48. Vergiss nicht, .................... Licht auszudrehen !
49. Wir alle müssen erkennen, .................... Lernen nicht immer leicht ist.
50. Er weiß, warum wir .................... alles gemacht haben.
51. .................... ist, woran wir alle glauben, ist anzunehmen.
52. Er geht davon aus, .................... wir ihn morgen abholen.
53. .................... Leben viele Aufgaben für uns bereithält und .................... wir oft zu kämpfen haben, .................... ist uns klar.
54. Glaubst du denn wirklich, .................... sie noch kommt ?
55. Wir haben so viel Spaß gehabt, .................... wir gar nicht nach Hause fahren wollten.
56. Falls du glaubst, .................... du mit diesem Benehmen etwas erreichst, liegst du falsch.
57. Ist .................... dein Telefon, .................... gerade läutet ?
58. Aus diesem Bericht geht hervor, .................... sich der Unfall anders zugetragen hat.
59. Ich bin damit einverstanden, .................... Haus umgebaut wird.
60. Der Schmuck wirkte so echt, .................... die Kunden den vollen Preis bezahlten.
61. Ich beziehe mich auf .................... Gespräch, .................... wir gestern geführt haben.
62. Es war nicht schwierig, .................... richtige Tor zu finden.
63. Schon allein die Vorstellung, .................... wir alles noch einmal machen müssen, ist ernüchternd.
64. Bist du davon überzeugt, .................... wir das Richtige tun ?
65. Der Bauer rechnet damit, .................... es heuer eine gute Ernte geben wird.
66. Sie gesteht, .................... sie den Schmuck genommen hat.
67. Der Einbrecher streitet ab, .................... er an diesem Tag in der betreffenden Wohnung war.
68. Wenn du mir versprichst, .................... du kommst, bin ich dir nicht mehr böse.
69. .................... alles muss ein Ende haben !
70. Während die Kinder versuchen, .................... Kabel anzuschließen, bereitet sich der Lehrer auf die Stunde vor.
71. Du musst beachten, .................... die Pflanzen im Sommer mehr Wasser benötigen.
72. .................... wir nun ein Haus haben, ändert nichts an meiner Meinung.
73. Wenn ich nur daran denke, .................... sie all diese Lügen erzählt, wird mir ganz übel.

74. Es ist nicht leicht, .................... Problem zu lösen.
75. Und damit .................... klar ist: Der Chef hat hier .................... Sagen !
76. Kannst du dir nicht denken, .................... diese Unternehmung mit einem Risiko verbunden ist ?
77. Sie kann nicht verstehen, warum .................... ausgerechnet ihr passieren musste.
78. Es wird ihm gelingen, .................... Unheil abzuwenden.
79. .................... noch ein Wunder geschieht, darauf kannst du lange warten.
80. Manchmal habe ich den Eindruck, .................... alle an etwas anderes denken.
81. Ich sehe ein Kaninchen, .................... jetzt sein Futter frisst.
82. Wie heißt .................... Lied, .................... gerade gesungen wird ?
83. Wir haben uns alle gewundert, .................... er nicht gekommen ist.
84. Sie hat sich so gefreut, .................... sie beinahe geweint hat.
85. Man könnte fast glauben, .................... alles berührt dich überhaupt nicht.
86. Er hat .................... Glas, .................... normalerweise in der Vitrine steht, in den Geschirrspüler gestellt.
87. Falls .................... Paket, .................... ich aufgegeben habe, nicht ankommt, werde ich mich beschweren.
88. Seine Familie und sein Zuhause, .................... alles ist diesem Menschen gar nichts wert.
89. Es wird langsam Zeit, .................... er der Gefahr ins Auge sieht.
90. Ich werde das Gefühl nicht los, .................... hier etwas nicht in Ordnung ist.
91. Wann wirst du endlich kapieren, .................... .................... Leben kein Spiel ist ?
92. Er ließ sich nicht anmerken, .................... er wütend war.
93. Schon allein die Vorstellung, .................... wir in der Wildnis zelten müssen, verdirbt mir die Laune.
94. Ist es denkbar, .................... die Kinder .................... im Gedächtnis behalten, was sie hier gelernt haben ?
95. Es erstaunt mich, .................... du so schlecht gelaunt bist.
96. Wenn es .................... ist, was du willst, dann musst du es tun.
97. Er kann .................... Geschehene, .................... dir widerfahren ist, nie mehr gutmachen.
98. .................... nicht wahr sein kann, war mir schon immer klar.
99. Die Drohung, .................... er die Schule in die Luft sprengen würde, nahm niemand ernst.
100. Ich möchte diesen Abenteuerurlaub buchen, damit wir endlich einmal .................... erleben, wovon wir immer schon geträumt haben.

101. Hier halten sich alle an die Spielregeln, und .................... gilt für jeden Teilnehmer !
102. Ich komme mehr und mehr zu der Ansicht, .................... .................... Geschenk nicht angebracht ist.
103. Was hast du unternommen, um zu verhindern, .................... so etwas nie mehr passiert ?
104. Er denkt, es ist besser, .................... sie jetzt lange über ihre Entscheidung nachdenkt, als .................... sie in ein paar Jahren daraufkommt, .................... sie einen Fehler gemacht hat.
105. Dieses Buch ist das langweiligste, .................... ich jemals gelesen habe.
106. Sein Partner ist fest entschlossen, .................... geplante Projekt durchzuziehen.
107. Den Gegner fair zu behandeln, .................. ist wahre menschliche Größe.
108. Die Freunde beabsichtigen, .................... Fest zu genießen.
109. .................... du mit dieser Arbeit keine gute Note bekommen wirst, ist allen klar !
110. Er ist jetzt an der Reihe, .................... Richtige zu tun.
111. Sie konnte nicht fassen, .................... er eine andere geheiratet hatte.
112. Besteht denn überhaupt keine Möglichkeit, .................... die Vorstellung heute doch noch stattfindet ?
113. Langsam gewinne ich den Eindruck, .................... diese Entscheidung doch nicht richtig war.
114. Er ist sicher, .................... Rennen doch noch gewinnen zu können.
115. .................... trübe Gedanken dich quälen, können wir nicht ertragen.
116. Sobald feststeht, .................... euer Gast tatsächlich kommt, werden wir euch helfen.
117. Es wird sehr schwierig werden, .................... Boot an Land zu ziehen.
118. Wir befürchten, .................... Schweigen wird ihnen nicht weiterhelfen.
119. .................... Problem zu lösen, wird uns noch einige Schwierigkeiten bereiten.
120. Auf deinem Schreibtisch liegt noch einiges, .................... noch aufzuarbeiten ist.
121. Sie schämt sich, .................... ihr Zimmer nicht ordentlich aussieht.
122. Es war allein .................... zu erwartende Vermögen, .................... ihn zu dieser schlimmen Tat bewogen hat.
123. Fred ist froh, .................... er endlich mit der Arbeit fertig ist.
124. Wir hoffen, .................... dir die Übungen Spaß gemacht haben und .................... du obendrein auch etwas dabei gelernt hast.

# XV Lösungen

## I Das Zeitwort

1) Die Nennform

1. –
2. rauchen
3. anrühren
4. einschlagen
5. –
6. streuen
7. anstellen
8. betreten
9. –
10. anlegen
11. verteilen
12. –
13. lehnen
14. –
15. vermengen
16. –
17. zerhacken
18. lächeln
19. –
20. treten
21. entfernen
22. halten
23. –
24. –
25. berühren
26. –

2) Die Personalform

1. wohnt/wohnen
2. geht
3. macht
4. haben
5. liest
6. schreibe
7. bekommt
8. hörst
9. gibt
10. können
11. trinkt
12. schwimmt
13. mag
14. kocht
15. putzt/putzen
16. näht
17. backen
18. fliegt
19. ruft
20. führst
21. esse
22. wasche
23. schenkt
24. zeichnet
25. duscht
26. gefällt
27. schlafen
28. redet
29. kauft
30. dürfen
31. ist, lacht
32. erzählt
33. rechnen
34. sammeln
35. probiert
36. singt
37. klopft
38. grillt
39. reist
40. werfe
41. steht
42. ist
43. vergisst
44. klettern
45. spricht/sprechen
46. strickt
47. finden
48. besucht/besuchen
49. zählt
50. sitze
51. schreit
52. taucht/tauchen
53. bedient
54. wartet
55. heiraten
56. bin
57. hat
58. bläst
59. säubert/säubern
60. lernt/lernen

61. schimpft
62. finden
63. tanzt/tanzen
64. untersucht
65. gießt
66. besitzt
67. begreifen
68. wundern
69. beißt
70. bestelle
71. schlendert
72. wiegt
73. telefoniert
74. gelingt
75. verstehst
76. graben
77. schweigen
78. fängt
79. wünscht
80. schicken
81. füttere
82. rührt
83. ernährt
84. versteckt
85. behauptet/behaupten
86. springt
87. empfängt
88. reitet
89. schleicht
90. rinnt
91. herrscht
92. überlegen
93. füllt
94. pfeift
95. kriecht
96. kochst
97. lieben
98. bittet
99. teilt/teilen
100. beendet
101. lügen
102. rät
103. bäckt
104. streitest
105. brennt
106. denkt

3) Die Befehlsform

1. Hilf
2. Nehmt
3. Wirf
4. Antworte
5. sei
6. Sprecht
7. Sprich
8. Sammle
9. Gießt
10. Kümmere
11. Wag/Wage
12. Gehen Sie
13. Werft
14. Verlier/Verliere
15. Lies
16. Schweigen Sie
17. Pfeift
18. Nimm
19. Lüg/Lüge
20. Fördre/Fördere
21. Gib
22. Behaupte
23. Bedienen Sie
24. Iss
25. Pass/Passe
26. Helft
27. Tritt
28. Verschwinde
29. Stören Sie
30. Zünde
31. Bleibt
32. Stich
33. Schenkt
34. Helft
35. Triff
36. Hören Sie
37. seid
38. Macht
39. Vertrauen Sie
40. Bring/Bringe
41. Vergiss
42. Atme
43. Hol
44. Sieh
45. Esst
46. komm/komme
47. Lege
48. Hört
49. Putzt
50. Lassen Sie

51. friss
52. Trinkt
53. Verdirb
54. Schreibt
55 Wappne
56. Lesen Sie
57. Lass/Lasse
58. Beeil/Beeile
59. Reisen Sie
60. Sende
61. Schwören Sie
62. Tu
63. Sagt
64. Vergesst
65. Hüte
66. Malt
67. Zeig
68. Bietet
69. Wirb
70. Rechne
71. Halten Sie
72. Geh/Gehe
73. Spielt
74. Vergessen Sie
75. Handle
76. Lern/Lerne
77. Notieren Sie
78. Misch/Mische
79. Bleibt
80. Füttre/Füttere
81. stirb
82. Widme
83. Binde
84. Entschuldigen Sie
85. Feire/Feiere
86. Kämm/Kämme
87. Miss
88. Wasch/Wasche

## II Das Hauptwort

a) Abstrakt oder konkret ?

1. abstrakt
2. konkret
3. konkret
4. konkret
5. konkret
6. konkret
7. abstrakt
8. abstrakt
9. abstrakt
10. konkret
11. abstrakt
12. konkret
13. konkret
14. abstrakt
15. abstrakt
16. konkret
17. abstrakt
18. abstrakt
19. konkret
20. abstrakt
21. konkret
22. abstrakt
23. konkret
24. konkret
25. konkret
26. konkret
27. konkret
28. konkret
29. konkret
30. abstrakt
31. abstrakt
32. abstrakt
33. abstrakt
34. konkret
35. abstrakt
36. abstrakt
37. abstrakt
38. konkret
39. konkret
40. konkret
41. abstrakt
42. abstrakt
43. konkret
44. abstrakt
45. konkret
46. konkret
47. abstrakt
48. konkret
49. abstrakt
50. abstrakt

b) Erkenne das Hauptwort:

1. <u>Tag</u>
2. <u>Note</u>

3. Kinder, Garten, Kastanien
4. Sommer, See
5. Fischer, Netze
6. Glas, Saft
7. Weihnachten, Karpfen
8. Buch
9. Kinder, Tasse, Tee
10. Vater, Büro
11. Fred, Mutter
12. –
13. Hund, Straße
14. Deutschunterricht, Text
15. Wetter, April
16. Mutter
17. Musiklehrer, Opern
18. Angebot
19. Tag, Schule
20. Prüfung
21. –
22. Sommerferien, Urlaub
23. Geld, Auto
24. Schlüssel
25. Bad, Haare
26. Freunde, Fred, Reise
27. Bruder, Schach
28. Spieler, Verlierer
29. Sonntag, Messe
30. –
31. Kinofilm
32. Kühe, Weide
33. Sport
34. Sachen, Wagen
35. Juli, Italien
36. Schwester, Zimmer, Bad
37. Strauß, Rosen

## III Das Geschlechtswort

a) Bestimmt und unbestimmt

1. ein Haus, das Haus
2. ein Käfer, der Käfer
3. eine Bürste, die Bürste
4. ein Stoff, der Stoff
5. ein Fest, das Fest
6. ein Satz, der Satz
7. eine Decke, die Decke
8. ein Gebet, das Gebet
9. ein Garten, der Garten
10. ein Sieb, das Sieb
11. eine Feier, die Feier
12. ein Kamm, der Kamm
13. ein Markt, der Markt
14. eine Gruft, die Gruft
15. eine Arbeit, die Arbeit
16. ein Graben, der Graben
17. ein Kind, das Kind
18. ein Mensch, der Mensch
19. ein Fass, das Fass
20. eine Leistung, die Leistung
21. ein Nebel, der Nebel
22. ein Urlaub, der Urlaub
23. ein Krug, der Krug
24. eine Woche, die Woche
25. ein Abend, der Abend
26. eine Person, die Person
27. ein Schaden, der Schaden
28. eine Strafe, die Strafe
29. eine Quelle, die Quelle

b) Der, die oder das ?

1. die
2. die
3. das
4. die
5. die
6. der
7. die
8. der
9. das
10. der/das
11. der
12. die
13. der
14. das
15. das
16. die
17. der
18. das
19. der
20. die
21. das
22. der/die/das
23. der
24. die
25. der
26. das

27. das
28. der/das
29. das
30. der/das
31. das
32. der
33. der/das
34. das
35. die
36. die
37. die
38. der/das
39. der
40. der
41. der/das
42. das
43. das
44. die
45. der
46. die
47. der
48. der
49. der/das
50. die
51. das
52. die
53. das
54. das
55. die
56. der/das
57. der
58. das
59. die
60. die
61. die
62. der
63. der
64. das

c) Einzahl und Mehrzahl

1. die Häuser
2. die Sessel
3. die Gabeln
4. die Ehen
5. die Köpfe
6. die Pferde
7. die Türen
8. die Fässer
9. die Träume
10. die Neuigkeiten
11. die Gräser
12. die Schlüssel
13. die Lampen
14. die Anzüge
15. die Kräfte
16. die Bäder
17. die Muskeln
18. die Fahrten
19. die Kaiser
20. die Kerzen
21. die Mütter
22. die Jahre
23. die Hüte
24. die Nummern
25. die Tische
26. die Hände
27. die Kränze
28. die Farben
29. die Vögel
30. die Sakkos
31. die Pflöcke
32. die Würmer
33. die Körner

d) Übereinstimmung 1

1. Ein
2. einen, eine, ein
3. ein
4. einen
5. eine
6. einen
7. eine
8. einen
9. einer
10. einem
11. ein, eine
12. einen
13. eine
14. Eine
15. ein
16. einen
17. eines
18. ein
19. einen, eine
20. ein
21. ein

22. Eine
23. einen
24. einer
25. einen
26. eine
27. einem
28. Ein
29. ein
30. ein, eine
31. ein
32. einen
33. eines
34. einen
35. ein, eine, einen
36. ein
37. einen

e) Übereinstimmung 2

1. Das, die
2. den
3. Die, die
4. die
5. der, der
6. Die, den
7. Das, die
8. dem, die
9. das, den
10. Das, dem
11. Die, des
12. Das, das
13. der
14. Der, das
15. den, die
16. Das, dem
17. die
18. Der, des
19. das, der
20. das, der
21. den (EZ)/die (MZ)
22. dem (EZ)/den (MZ)
23. den, den
24. den
25. das, den, die
26. Der, die, der
27. den, die
28. dem (EZ)/den (MZ), das
29. Das, dem, der
30. Die, der
31. die
32. Der, den, die
33. Die, das
34. den
35. Der, dem (EZ)/den (MZ)
36. die
37. Das, der
38. die

## IV Das Fürwort

a) Erkenne das Fürwort

1. Ich, ihn
2. mir
3. Wir, dich
4. ihr
5. du, ihm
6. Ihr, sie
7. ihn
8. –. Es
9. Du, ihm
10. –
11. uns
12. euch
13. Ihnen
14. Ich
15. er
16. Ihr, es
17. Du
18. –
19. Es
20. du
21. Sie
22. wir, seiner
23. –
24. Wir, ihnen
25. ihnen
26. Er, mir
27. Sie
28. Du, uns
29. Sie
30. ihr
31. Er
32. –. Es, mir
33. ihm
34. Wir, ihn
35. Sie, meiner
36. –

37. Wir, euch
38. mir
39. Du
40. Sie
41. mich
42. ihnen
43. Er, es
44. Du
45. –
46. Ich, ihr
47. uns
48. mich
49. –
50. uns
51. Sie
52. uns
53. es, dir

b) Ersetze das Nomen

1. Es
2. Sie, ihn
3. ihm
4. Sie, sie
5. Sie
6. Sie, ihn
7. Er, ihm
8. es (Lied), ihnen (Kindern)
9. Es, es
10. Er, es
11. ihn
12. Er
13. Er, es
14. Er, sie
15. Sie, sie
16. er
17. Er, es
18. es, ihn
19. Sie, es
20. er, es
21. Er, ihm
22. Es
23. es
24. Er, ihn
25. Sie, ihn
26. er, sie
27. Sie, ihn
28. Er, sie
29. er, ihm
30. Er, sie
31. ihr
32. Er, sie
33. Es, sie
34. Sie, ihr
35. es, ihn
36. es
37. Er, ihnen
38. Sie, ihn

c) Erkenne das Fürwort

1. Dein
2. ihre
3. Euer
4. Ihren
5. deiner
6. meiner
7. meine
8. seine
9. ihr
10. deine
11. Mein, mein
12. unsere
13. euer
14. ihrer, ihres
15. deiner
16. seine
17. –
18. ihre
19. Sein
20. eure
21. seiner
22. meinen
23. dein
24. ihrer
25. Mein, meine, ihren
26. Euer
27. Ihr
28. –
29. unser
30. meinen
31. deines
32. euren
33. seinem
34. eure
35. –
36. unsere
37. Meine, ihre
38. seinen
39. deiner

40. dein
41. –
42. Ihrer
43. seinen
44. unseren
45. Deine

d) Setze das Fürwort ein:

1. Mein
2. Seine, ihren
3. unseren
4. Eure
5. deine
6. seinen
7. deine
8. sein
9. unsere
10. ihre, ihrer
11. euren
12. sein
13. mein
14. Ihre
15. deiner, deinem
16. seinem
17. ihre
18. deine
19. seinen
20. euer, unser
21. euer
22. Ihren
23. Meine
24. Mein, seine
25. ihr
26. eure
27. seine
28. unsere
29. eure
30. Ihr
31. Unser, seinen
32. Ihre
33. deinen
34. seine
35. Euer
36. unser
37. ihre
38. euren
39. mein
40. Deine
41. seine
42. Meine, ihr
43. seine
44. unseres
45. eurer
46. deine, ihre
47. Ihren
48. meine
49. Deine, seiner
50. seinem
51. ihre
52. sein
53. unsere
54. eure
55. mein
56. Ihre
57. deine
58. seine
59. ihre
60. seinen
61. unserer
62. eure
63. Mein
64. deine
65. seine
66. ihre
67. unser
68. Ihre
69. eurer
70. ihre
71. seinen
72. meine, meinen
73. deine
74. Unser
75. eure
76. ihre
77. unseren
78. Ihr
79. Dein, deiner

## V Das Vorwort

a) Erkenne das Vorwort

1. mit, durch
2. von, nach
3. auf
4. aus
5. diesseits
6. gegen

7. zwischen
8. Ab
9. kraft
10. Ohne
11. um
12. bezüglich
13. Gemäß
14. an
15. statt
16. für
17. während
18. unter
19. innerhalb
20. Seitens
21. Nach
22. Seit
23. wegen
24. auf
25. außerhalb
26. jenseits
27. oberhalb
28. auf
29. –
30. trotz, auf
31. Zu
32. zwischen
33. zwecks
34. Laut
35. samt, auf
36. gegenüber
37. auf
38. um
39. zu
40. Bei, mit
41. zuwider
42. Nach
43. mittels
44. im, nach
45. Im, von
46. aufgrund
47. bis
48. betreffend
49. Binnen
50. Laut
51. trotz
52. mangels, bei
53. Anlässlich
54. anstelle
55. Einschließlich
56. Außer
57. Bei
58. auf
59. ohne
60. Kraft, auf
61. mit, gegen
62. Seit
63. an, in
64. über
65. Hinsichtlich
66. Bezüglich
67. von
68. gegen
69. Zwischen
70. hinter
71. durch
72. Trotz
73. außer
74. –
75. über
76. wegen
77. –
78. mittels
79. ohne

b) Setze die Wörter ein:

1. des Unfalls
2. seiner Firmung
3. dem Beifahrer
4. der Kinder
5. einer Woche
6. Verbot(e)s
7. des Gartens
8. jenem Moment
9. dich
10. dem See
11. dem Teller
12. Die Beschwerde
13. einer Vorstellung
14. eines Monats/einem Monat
15. weniger Augenblicke/
    wenigen Augenblicken
16. den Boden
17. den Tisch
18. diesem Ufer
19. dem Haus
20. eines Konzerts
21. dem Tisch
22. deiner Einwände

23. euch
24. des Stein(e)s
25. der Brücke
26. der Höhle
27. seiner Hilfe
28. ihrem Auftrag
29. die Kochtöpfe
30. nächsten Monat
31. mir
32. fünf Tagen
33. des Museums
34. der Warnung
35. den Absperrungen
36. den Schuppen
37. der Pause
38. des Schneefalls
39. die Tür
40. der Piste
41. des Gebäudes
42. des Vortrag(e)s
43. seiner Aussage
44. dir, mir
45. der Schneefallgrenze
46. der Erinnerung
47. der Anzeige
48. ein Erdbeben
49. Ihres Schreibens
50. dem Bericht
51. ihrer Aussage
52. diesem Tag
53. dem Stall
54. den Ofen
55. mir
56. deiner Reichweite
57. ihrer Freundin
58. meines Amtes
59. dem Kinobesuch
60. seiner Zusage
61. dem ersten Gespräch
62. mich
63. ihm
64. eines Beweises
65. den Sommermonaten
66. ein Ledersofa
67. seinem Auto
68. den Schreibtisch
69. den Rat
70. deines Angebot(e)s
71. einen Boten
72. eines Tests
73. dem Mann, die Tür
74. der Schule
75. ihre Hilfe
76. einen Schirm
77. den Feiertagen
78. den Kauf
79. der Mansarde
80. der Kommode
81. dem Kopf, eine Kante
82. unserem Auto
83. den Baum
84. dem Tisch
85. seinen Lehrer
86. den Vorschriften
87. des Winters
88. des Flusses
89. seinen Sohn
90. der Mauer
91. des Gartens
92. die Tür
93. der Schlange
94. die Grippe
95. des Spielplatzes
96. den Tisch
97. eines Gespräch(e)s
98. den Gipfel
99. meinen Freunden
100. der warmen Kleidung
101. ihr Gewissen
102. meinem Hotel
103. dir, ihm
104. den Zeilen
105. der Tiefe
106. meiner Familie
107. einer Welle
108. der Heirat
109. das Ufer
110. einer Stunde
111. der Bank, des Parks
112. eines Lobs
113. einem Tor
114. seinen Schülern
115. dem Wasser
116. einiger Zeit, ihm
117. kommenden Freitag
118. ihr
119. dem Baum
120. die Angelegenheit

# VI Das Eigenschaftswort

a) Unterstreiche das EW

1. gemütlichen
2. schwierig
3. interessanten
4. –
5. große, kleine
6. wertvoller, teurer
7. lange, blonde
8. reicher, berühmter
9. schön
10. Schnelles, ungesund
11. dunkel, ungemütlich
12. –
13. fleißig
14. blauen
15. –
16. böse
17. hohen, alter
18. schwarz, weiß
19. finster, dunklen
20. kleine, blass, krank
21. altes, verstaubtes
22. gebrechliche, gefährliche
23. –
24. steil, schmal
25. weiß
26. fauler
27. vielen, dick, träge
28. roten
29. kühle
30. kalt
31. wertvolles
32. wunderschönes
33. roten, grünen
34. kalten, klaren
35. knapp
36. lauten
37. knuspriges
38. gelb, krumm
39. modern, altmodisch
40. –
41. fest
42. lustig, groß, stark
43. unwiderstehlich
44. gierige
45. gruseliger
46. treuer
47. fürchterlichen
48. jugendlich
49. köstlich
50. –
51. kalt, bitter
52. verschmierten
53. spannende
54. schmutzigen
55. heiße, aromatisch
56. spät
57. herzlich
58. konzentriert, genauen
59. Romantische, traurig
60. lange
61. schmackhafte
62. neues
63. hoch, bedrohlich
64. rührend
65. steil, kurvig
66. grausam
67. hilfsbereiter
68. –
69. leicht
70. blau-gelbes

b) Prüfe den Sinn

1. richtig
2. falsch
3. falsch
4. falsch
5. falsch
6. richtig
7. richtig
8. falsch
9. richtig
10. richtig
11. falsch
12. falsch
13. richtig
14. richtig
15. falsch
16. richtig
17. falsch
18. richtig
19. falsch
20. richtig
21. richtig

22. richtig
23. richtig
24. falsch
25. richtig
26. richtig
27. falsch
28. richtig
29. richtig
30. falsch
31. falsch
32. richtig
33. falsch
34. richtig
35. falsch
36. richtig
37. falsch
38. richtig
39. richtig
40. falsch
41. richtig
42. richtig
43. richtig
44. richtig
45. richtig
46. richtig
47. falsch
48. richtig
49. falsch
50. richtig
51. falsch
52. richtig
53. falsch
54. richtig
55. falsch
56. falsch
57. richtig
58. richtig
59. falsch
60. richtig
61. richtig
62. falsch
63. richtig
64. richtig
65. richtig
66. falsch
67. richtig
68. richtig
69. falsch
70. richtig
71. richtig
72. falsch
73. falsch
74. richtig
75. falsch
76. falsch
77. richtig
78. richtig
79. falsch
80. richtig
81. richtig
82. richtig
83. richtig
84. falsch
85. richtig
86. richtig
87. richtig
88. falsch
89. falsch
90. richtig
91. falsch
92. richtig
93. richtig
94. falsch
95. richtig
96. richtig
97. falsch
98. richtig
99. falsch
100. richtig
101. falsch
102. falsch
103. richtig
104. richtig

c) Beuge richtig

1. süße, heißen
2. talentierten
3. unverschämten
4. rasante
5. reife
6. gut
7. feuchten
8. fette
9. geheime
10. groben
11. glückliches
12. kleine

13. hübsche
14. festen
15. schwierigen
16. feurigen
17. Sportliche
18. großen, kräftigen
19. lange, klaren
20. freier
21. komischen
22. alte
23. spannendes, lehrreiches
24. schönen, grünen
25. steinigen
26. braven
27. kostbare
28. abenteuerlichen, frischen
29. freundliche, höfliche
30. Feiner, gute
31. rote, kleinen
32. steile, unwegsame
33. holprigen
34. vorlaute
35. schriller, unheimliche
36. konzentriertem
37. kranken, kahle
38. blauen
39. hungrigen, durstigen, fleißigen
40. gelben, breiten
41. regnerischen
42. schmackhafte, frisches, scharfen
43. wilder, engen
44. intelligente, wichtigen
45. großzügige, armen
46. verletzten
47. gescheiter, bekannten
48. gemütlichen
49. eifrige, schmutzigen
50. besorgten, aufgeregten
51. langen, kurze
52. eleganten
53. schlanke, engen
54. heißen, romantische
55. festen, dornigen

d) Steigere richtig:

1. besser
2. schnell
3. am lautesten
4. älter
5. gesund
6. am schmalsten/schmälsten
7. appetitlicher
8. schwach
9. am mächtigsten
10. ärger
11. schön
12. am gierigsten
13. ärmer
14. schwer
15. am mildesten
16. bedenklicher
17. stark
18. am gröbsten
19. begabter
20. steil
21. am modernsten
22. beliebter
23. süß
24. am größten
25. bequemer
26. verbindlich
27. am nassesten/nässesten
28. billiger
29. verdächtig
30. am härtesten
31. bitterer
32. vermögend
33. am blassesten/blässesten
34. neuer
35. weich
36. am höchsten
37. breiter
38. wenig
39. am jüngsten
40. braver
41. wütend
42. am öligsten
43. deutlicher
44. zart
45. am kältesten
46. dicker
47. anständig
48. am ordentlichsten
49. dümmer
50. bekannt
51. am klügsten
52. durstiger

53. fein
54. am kränksten
55. enger
56. glücklich
57. am reichsten
58. fader
59. klein
60. am kürzesten
61. fähiger
62. kühl
63. am reinsten
64. fauler
65. nieder/niedrig
66. am längsten
67. fester
68. lieb
69. am frommsten/frömmsten
70. sauberer
71. schwierig
72. am leisesten
73. gebildeter
74. teuer
75. am schärfsten
76. gefährlicher
77. viel

e) Welche Stufe ?

1. Superlativ
2. Superlativ
3. Komparativ
4. Komparativ
5. Superlativ
6. Komparativ
7. Positiv
8. Superlativ
9. Positiv
10. Komparativ
11. Superlativ
12. Positiv
13. Komparativ
14. Superlativ
15. Komparativ
16. Positiv
17. Positiv
18. Superlativ
19. Komparativ
20. Positiv
21. Komparativ
22. Positiv
23. Superlativ
24. Komparativ
25. Superlativ
26. Positiv
27. Superlativ
28. Positiv
29. Positiv
30. Komparativ
31. Superlativ
32. Komparativ
33. Superlativ
34. Komparativ
35. Superlativ
36. Superlativ
37. Positiv

f) wie oder als ?

1. wie
2. als
3. wie
4. als
5. wie
6. als
7. als
8. als
9. wie
10. als
11. als
12. als
13. als
14. als
15. wie
16. wie
17. als
18. wie
19. wie
20. als
21. als
22. als
23. wie
24. als
25. als
26. wie
27. als
28. als
29. wie
30. als

31. als
32. als
33. wie
34. als
35. wie
36. als

## VII Die Satzglieder

a) Erkenne die Satzglieder

1. Am Sonntag / isst / meine Familie / immer / im Freien.
2. Der neue Lehrer / machte / mit seinen Schülern / eine Exkursion.
3. Jeden Tag / kommt / sie / um sechs Uhr / in der Früh / aus dem Bad.
4. Letzten Samstag / waren / meine Freunde / im Kino.
5. Immer / helfen / die guten Ärzte unseres Krankenhauses / den Patienten.
6. Alle Affen des Zoos / bekommen / jeden Morgen / frisches Obst.
7. Viele Zuschauer / bewundern / täglich / den mutigen Akrobaten.
8. In größeren Mengen / schadet / Alkohol / der Gesundheit.
9. Mit Erfolg / verteidigte / der ehrgeizige Anwalt / den Angeklagten.
10. Eine morgendliche Dusche / steigert / die gute Laune jedes Einzelnen.
11. Der Bäcker / liefert / um halb sieben / das frische Brot / in die Geschäfte.
12. Mehrere Stunden / am Tag / schreibt / die Autorin / an ihrem Buch.
13. Manche Arbeiter / fahren / in der Früh / mit dem Bus / zur Arbeit.
14. Die Buben / spielen / gern / auf dem Sportplatz / mit dem Ball.
15. Früher / ließen / die Männer / ihre Bärte / beim Friseur / rasieren.
16. In dem neuen Opernhaus / sang / der Tenor / die große Titelrolle.
17. Die fleißigen Bauern / versorgen / die Bevölkerung / mit Nahrungsmitteln.
18. Ein bekannter Baumeister / errichtete / voriges Jahr / ein neues Gebäude.
19. Der geschickte Elektriker / montiert / in unserem Haus / eine Anlage.
20. Heuer / macht / die Ernte / den Bauern unserer Region / viel Freude.
21. Geräuschlos / fliegt / die Eule / durch den nächtlichen Wald.
22. Zwei Mechaniker / reparieren / in der Werkstatt / den Auspuff des Autos.
23. Die herrlichen Blüten / duften / berauschend / im Park unserer Stadt.
24. Zu jeder Jahreszeit / genießen / die Stadtbewohner / Ausflüge ins Grüne.
25. Ein Fußgänger / überquerte / die Straße / an einer unübersichtlichen Stelle.
26. Die guten Bergsteiger / bezwangen / gestern / den höchsten Berg der Welt.
27. Alle Futtervorräte / für das Vieh / waren / heuer / bald verbraucht.
28. Der starke Frost / im März / schadete / der Natur / sehr.
29. Eine trockene Garage / verhindert / das baldige Rosten des Autoblechs.
30. Die Kinder / schwenken / die Fähnchen / zu Ehren des Künstlers.
31. Seine Bezahlung / richtet sich / immer / nach der Leistung der Mitarbeiter.
32. Im Labor / roch / das Gas / intensiv / nach faulen Eiern.
33. Wir / übergaben / das wertvolle Gepäck / den besorgten Besitzern.
34. Diese jungen Männer / dienten / einige Monate / beim Heer.
35. Viele Zuseher / merkten sich / das interessante Gesicht des Musikers.
36. Ohne ersichtlichen Grund / erteilte / man / ihm / eine Absage.
37. An dieser Haltestelle / passieren / zum Glück / niemals / Unfälle / mit Gästen.
38. Den Ausgang des Länderspiels / verfolgten / viele Anhänger.
39. Meine Hand / heilt / nach der schweren Verletzung / nur sehr langsam.
40. Jene neuen Häuser / verloren / durch die schlechte Luft / an Wert.
41. Dieser riesige Hafen / gehört / zu den größten der Welt.

42. Impfungen / retteten / schon / manchem Menschen / das Leben.
43. Der Imbiss / schmeckte / allen anwesenden Schülern / sehr gut.
44. Mein schwarzer Hund / spielt / den ganzen Tag / im Garten.
45. Am Abend / brachte / der Eilbote / pünktlich / den wichtigen Brief.
46. Die Mutter / bringt / jeden Tag / ihre Kinder / mit dem Auto / zur Schule.
47. Ein gutes Buch / bereitet / dem Leser / oft / viel Vergnügen.
48. Im Herbst / begleitet / der ausgezeichnete Dolmetscher / eine Reisegruppe.
49. Auf dem orientalischen Markt / kaufte / ich / jede Menge süßer Datteln.
50. Früher / litten / auch / bekannte Künstler / an Hunger.
51. Intelligente Delphine / halfen / schon / vielen kranken Kindern.
52. Der gerechte Chef / lobt / immer / seinen verlässlichen Sekretär.
53. Fred / fährt / jedes Wochenende / zu Freunden / auf das Land.

b) Ersetze die Satzglieder
(Anmerkung: Die angegebenen Ersetzungen sind nur Beispiele. Die Satzglieder können natürlich auch durch andere Wörter ersetzt werden !)

1. Jeden Tag / trifft / meine Schwester / **sie**.
2. Die Eltern / führen / **es** / mit dem Lehrer.
3. Morgen / wird / **er** / nach Italien / fahren.
4. Bitte / reiche / **es** / mir !
5. Alle Kinder / freuen sich / **darauf**.
6. Manchmal / gehen / meine Eltern / **dorthin**.
7. Sonntags / gehen / wir / **oft** / in die Kirche.
8. Wo / ist / **sie** ?
9. Die Lehrer / diskutieren / **darüber**.
10. **Es** / galoppiert / auf der Wiese.
11. **Darin** / ist / es / furchtbar heiß.
12. Dieser Witz / ist / **gut**.
13. Fred / isst / ihn.
14. Ich / hatte / **gestern** / ein gutes Frühstück.
15. **Sie** / laufen / auf das Spielfeld.
16. Der Maler / malt / **es**.
17. Wir / beobachten / **ihn** / beim Korrigieren.
18. Jahr für Jahr / strömen / **sie** / nach Salzburg.
19. Der Weihnachtsmann / bringt / **ihnen** / schöne Geschenke.
20. Das Schuljahr / war / für die Schüler / **lehrreich**.
21. Die Kühe / **grasen** / auf der Weide.
22. Der zerstreute Professor / prüft / **sie**.
23. **Er** / begann / mit einem großen Fest.

c) Satzglieder im 3. Fall

1. <u>der Dame</u>
2. –
3. <u>den Kindern</u>
4. –
5. <u>mir</u>
6. <u>der Autobahnauffahrt</u>
7. <u>dem Unfallopfer</u>
8. <u>ihrem Gast</u>
9. –
10. <u>dir</u>
11. –
12. <u>seiner Mannschaft</u>
13. <u>dem Lügner</u>
14. –
15. <u>Dem Sieger</u>
16. –

17. seinem besten Freund
18. der Gruppe
19. –
20. Meinem Bruder
21. dem ersten Geiger
22. –
23. ihm
24. den Schülerinnen
25. –
26. ihr
27. –
28. –
29. dir
30. seinen Verfolgern
31. jedem neuen Mitarbeiter
32. –
33. seinem Bruder
34. dem Mädchen

d) Satzglieder im 4. Fall

1. seinen Freund, 4. Fall
2. alle Fragen, 4. Fall
3. einen Apfel, 4. Fall
4. ihre Aufgabe, 4. Fall
5. die Straße, 4. Fall
6. das Hindernis, 4. Fall
7. einen Mantel, 4. Fall
8. den Kindern, 3. Fall
9. einen Film, 4. Fall
10. ihre Freunde, 4. Fall
11. der Schülerin, 3. Fall
12. den Dom, 4. Fall
13. seine Schätze, 4. Fall
14. eine Zigarette, 4. Fall
15. den Patienten, 4. Fall
16. Mäuse, 4. Fall
17. die Hunde, 4. Fall
18. Jedem Gast, 3. Fall
19. das Geld, 4. Fall
20. dich, 4. Fall
21. dem Schüler, 3. Fall
22. ihm, 3. Fall
23. die Schafe, 4. Fall
24. seinen Mitarbeitern, 3. Fall
25. ein spannendes Buch, 4. Fall
26. uns, 3. Fall
27. den Kindern, 3. Fall
28. ihrer Freundin, 3. Fall
29. Diesem Pfarrer, 3. Fall
30. die Gläser, 4. Fall
31. dem Fremden, 3. Fall
32. den Schauspieler, 4. Fall
33. jedes Rätsel, 4. Fall
34. unserem Neffen, 3. Fall

## VIII Der Satzgegenstand

1. Ich
2. Der Hausmeister
3. alle Kinder
4. Die Sekretärin
5. Jedes Land
6. Der Maler
7. das Wetter
8. wir
9. Unser Lehrer
10. Meine Oma
11. Alle Lehrer
12. Man
13. ein König
14. Meine Mutter
15. Spaziergänger
16. Eine Diskussion
17. Die riesige Schlammschicht
18. Du
19. Eine flackernde Kerze
20. ihr
21. Dieses große Plakat
22. die wertvolle Porzellanvase
23. Die ergiebige Quelle
24. Das Spiel
25. Ein tiefer Keller
26. Der Rabe
27. Die sportlichen Radfahrer
28. Ein offener Kanaldeckel
29. Qualmender Rauch
30. Die verängstige Maus
31. Manche Menschen
32. Unvorsichtige Autofahrer
33. Alle Besucher
34. Die Natur
35. der aufmerksame Polizist
36. Schwarzer Kaffee
37. Die tapferen Schüler
38. Ein Sprecher
39. der Räuber
40. Ein erbostes Publikum
41. Die eisige Kälte

42. man
43. Kein Politiker
44. Der spannende Roman
45. Diese Maschinen
46. die Nonnen
47. Die Nacht
48. Fred
49. Seine Nummer
50. Der flinke Kellner
51. Es
52. Das harte Training
53. ein Kaiser
54. der Weihnachtsmann
55. Die schlechte Kellerluft
56. sie
57. ein Hase
58. viele Touristen
59. Unzählige Menschen dieser Erde
60. ich
61. Kamillentee
62. er
63. die Natur

## IX Die Satzaussage

a) Erkenne die Satzaussage

1. gehört
2. erlitt
3. locken
4. haben–gefressen
5. verbringen
6. werden–singen
7. wird–bekommen
8. sollten–bestraft–werden
9. trinke
10. gewannen
11. verhindert
12. machen
13. stört
14. verbessert
15. verlief
16. hat–gebeten
17. wird–bereiten
18. brachte
19. nützt
20. flittern
21. barg
22. machen
23. braucht
24. verfügen
25. wird–schwerfallen
26. wollen–fahren
27. hat–vergessen
28. erledigt
29. muss–behandeln
30. wird–anlocken
31. sollte–haben
32. hat–bekommen
33. will–zusammenbauen
34. wird–stehen
35. dürfen–erklettern
36. kann–verlassen
37. werden–feiern
38. sollen–erleichtern
39. sollten–erlernen
40. hat notiert
41. können–fressen
42. darf–vergessen
43. wollen–besuchen
44. musste–arbeiten
45. darf–berühren
46. fanden
47. würzt
48. sollen–lernen
49. kann–anordnen
50. wird–mähen
51. dürfen–wagen
52. hat verloren
53. müssen–schützen
54. wollen–essen
55. wird–geschenkt
56. muss–nehmen
57. wollen–leben
58. kann–befördern
59. liegen
60. möchte–mitnehmen
61. wird–eindringen
62. hat–bestanden

b) Stimme überein

1. strömen
2. befindet sieh
3. applaudiert
4. laufen
5. versetzen
6. besichtigt

7. ist
8. singt
9. kostet
10. kommt
11. grast
12. bekommen
13. bleibt
14. geht
15. bekommt
16. ist
17. verdirbt
18. steht
19. seid
20. macht
21. liegen
22. verzehrt
23. gibt
24. schläft

## X Die Satzarten

a) Setze die fehlenden Punkte

Um sechs Uhr in der Früh läutet der Wecker in seinem Zimmer**. E**rst dann steht Fred auf**. E**r geht zuerst ins Badezimmer und stellt sich unter die Dusche**. M**eistens wäscht er auch seine Haare**. D**anach trocknet er sich ab**. S**eine große Schwester benützt das Bad immer nach ihm, und das mag er nicht besonders**. S**ie ist nämlich sehr ordentlich und schimpft über seine Schlampigkeit**. N**ach der Dusche geht er in sein Zimmer zurück und zieht sich an**. D**afür braucht er nicht lange**. N**ach dem Ankleiden geht er hinunter in die Küche und setzt sich an den Küchentisch**. D**ie ganze Familie frühstückt jeden Tag von halb sieben bis sieben Uhr**. F**red trinkt seinen Kakao und isst ein Marmeladebrot**. D**ann putzt er seine Zähne und holt seine Schultasche aus seinem Zimmer**. M**it seinem Vater geht er danach zur Garage**. D**ie beiden fahren immer gemeinsam in die Stadt**. D**ie Firma seines Vaters liegt nicht weit von Freds Schule entfernt**. D**eshalb muss Fred am Morgen nie mit dem Bus zur Schule fahren**. A**uf dem Weg dorthin holen sie noch Freds Freund Martin ab**. E**r besucht die gleiche Schule wie Fred**. W**ährend der Fahrt vergleichen sie oft ihre Hausübungen**. N**ach zwanzig Minuten sind sie am Ziel und steigen aus**. E**in neuer Schultag beginnt.

b) Verwandle in Aufforderung

1. Papa, gib dem Hund das Futter !
2. Schüler, schreibt einen langen Text von der Tafel ab !
3. Max, wirf den Ball auf das Spielfeld !
4. Diskutiert über aktuelle Probleme, Vereinsmitglieder !
5. Notiere alle Einzelheiten auf einen Blockzettel !
6. Fred und Martin, macht einen Ausflug nach Salzburg !
7. Herr Professor, prüfen Sie den Studenten !
8. Iss nicht die ganze Portion !
9. Lesen Sie die Messe, Herr Pfarrer !
10. Lauft schnell über die gemähte Wiese !

c) Entscheidungsfragesätze

1. Weckt die fürsorgliche Mutter jeden Morgen ihre Kinder ?
2. Liest mein Vater am Abend im Arbeitszimmer seine Zeitung ?
3. Läutet um sieben Uhr morgens der Briefträger an der Haustür ?

4. Wäscht mein Onkel mit Begeisterung seinen neuen Wagen ?
5. Freuen sich alle Schüler auf die Sommerferien ?
6. Verhindert regelmäßiges Zähneputzen die Entstehung von Karies ?
7. Deckt meine Schwester vor dem Mittagessen immer den Tisch ?
8. Verkauft der begabte Maler sein erstes Bild ?
9. Träumt sie oft von einem kurzen Urlaub in Paris ?
10. Kocht er am Wochenende gern für seine Freunde ?
11. Repariert der Mechaniker unser altes Auto ?
12. Berät der Notar seinen Klienten in einer wichtigen Angelegenheit ?
13. Übt die fleißige Musikerin täglich drei Stunden Geige ?
14. Kann man den Kindern in Afrika mit einer Spende helfen ?
15. Verfärben sich im Herbst die meisten Blätter ?
16. Sollen wir mit diesem Hammer sehr vorsichtig umgehen ?
17. Dauert diese unerträgliche Hitze schon drei Tage an ?
18. Soll man täglich drei Liter Flüssigkeit trinken ?
19. Überwachen zwei Hubschrauber den Verkehr aus der Luft ?
20. Können wir den Iltis äußerst selten im Wald beobachten ?
21. Erreicht man viele entlegene Inseln im Mittelmeer nur mit einem Boot ?
22. Züchten in unserer Gegend einige Imker erfolgreich Bienen ?
23. Wollen viele Touristen heuer wieder nach Österreich reisen ?

d) Ergänzungsfragesätze

1. Welche Kakteenarten können nur in den Tropen gedeihen ?
2. Wer vergaß seinen gedruckten Lebenslauf ?
3. Wen brachte manche Karikatur zum Lachen ?
4. Wohin machten zwei Polarforscher letztes Jahr eine Expedition ?
5. Wie wollen wir unser Klassenzimmer heute streichen ?
6. Zwischen wem geht der Streit weiter ?
7. Wann werden erfahrene Astronomen den Kometenschweif sehen ?
8. Was schmeckte allen Gästen vorzüglich ?
9. Wozu brachte uns dieser Komödiant am Samstag ?
10. Was bewundern wir jeden Tag auf dem Dorfplatz ?
11. Mit wem spielt mein schwarzer Hund den ganzen Tag ?
12. Wann spielte die lateinische Sprache eine große Rolle ?
13. Was bekommt ein fleißiger Schüler immer ?
14. Wer muss in der Früh zur Arbeit gehen ?
15. Wie lange knurrt schon sein hungriger Magen ?
16. Wo gibt es immer frisches Obst zu kaufen ?
17. Was müssen unsere Spieler morgen an den Tag legen ?
18. Wem fiel ihr schlechtes Benehmen im Theater auf ?
19. Wo sitzt eure hungrige Katze seit drei Stunden ?
20. Wann spielen alle Musiker ohne Noten im Konzertsaal ?
21. Was bauen die zierlichen Blaumeisen gerade im alten Obstbaum ?
22. Wen darf man nicht ohne Hilfe im Regen stehen lassen ?
23. Wer fordert in diesem Prozess sicherlich die Höchststrafe ?
24. Wo fiel gestern eine gebrechliche Dame in Ohnmacht ?
25. Wer sah schon viele berühmte Opern auf der Bühne ?

e) Ergänze die Umwandlungen

1. Aussage: Die Schülerinnen der Klasse sammeln Spenden.
Aufforderung: **Schülerinnen der Klasse, sammelt Spenden !**
Frage: **Sammeln die Schülerinnen der Klasse Spenden ?**

2. Aussage: **Fred nimmt den Schlüssel.**
Aufforderung: Nimm den Schlüssel, Fred !
Frage: **Nimmt Fred den Schlüssel ?**

3. Aussage: **Du borgst mir Geld.**
Aufforderung: **Borg(e) mir Geld !**
Frage: Borgst du mir Geld ?

4. Aussage: **Die Kinder geben dem Portier ihre Koffer.**
Aufforderung: Kinder, gebt dem Portier eure Koffer !
Frage: **Geben die Kinder dem Portier ihre Koffer ?**

5. Aussage: Sie beginnen eine neue Arbeit.
Aufforderung: **Beginnt eine neue Arbeit !**
Frage: **Beginnen sie eine neue Arbeit ?**

6. Aussage: **Max ist im Büro.**
Aufforderung: **Sei im Büro, Max !**
Frage: Ist Max im Büro ?

7. Aussage: **Marie schenkt ihrer Großmutter eine Kleinigkeit.**
Aufforderung: Schenk(e) deiner Großmutter eine Kleinigkeit, Marie !
Frage: **Schenkt Marie ihrer Großmutter eine Kleinigkeit ?**

8. Aussage: Die Mädchen begrüßen den Nachbarn.
Aufforderung: **Begrüßt den Nachbarn, Mädchen !**
Frage: **Begrüßen die Mädchen den Nachbarn ?**

9. Aussage: **Peter lernt für die Schularbeit.**
Aufforderung: **Peter, lern(e) für die Schularbeit !**
Frage: Lernt Peter für die Schularbeit ?

10. Aussage: **Die Freunde pflücken ihr Obst.**
Aufforderung: Pflückt euer Obst, Freunde !
Frage: **Pflücken die Freunde ihr Obst ?**

11. Aussage: Oma genießt das Leben.
Aufforderung: **Genieß(e) das Leben, Oma !**
Frage: **Genießt Oma das Leben ?**

12. Aussage: **Die Buben sind brav.**
Aufforderung: **Buben, seid brav !**
Frage: Sind die Buben brav ?

13. Aussage: **Felix passt auf seine Schwester auf.**
Aufforderung: Pass auf deine Schwester auf, Felix !
Frage: **Passt Felix auf seine Schwester auf ?**

## XI Die Satzzeichen

1. Für unser Buch haben wir umweltfreundliches Papier verwendet.
2. Die Olympischen Spiele finden alle vier Jahre in großen Städten statt.
3. Wo finde ich das nächste Postamt ?
4. Das Leben im Paradies kann sich niemand so richtig vorstellen.
5. Gib deinem Lehrer das Heft morgen wieder zurück !
6. Die Parkgaragen werden mit allen Sicherheitsvorkehrungen ausgestattet.
7. Manchmal kauft Fred frisches Obst und Gemüse auf dem Markt.
8. Darf der Portier Besucher ohne Ausweis auf das Werksgelände lassen ?
9. Mögen die sportlichen Schwimmer Quallen im Meer ?
10. Bitte, reiche das Tablett mit den Salaten !
11. Auf der Autobahn ist die erlaubte Höchstgeschwindigkeit 130 km/h.
12. Darf man seinen Mitmenschen einen guten Rat verweigern ?
13. Ein gutes Arbeitsklima erleichtert allen Angestellten die Arbeit.
14. Wann wird der Zug voraussichtlich sein Ziel erreichen ?
15. Im Sommer sitzen meine Eltern gern in einem kühlen Weinkeller.
16. Werden die Leser in den Bücherregalen nach Lust und Laune wühlen ?
17. Bleibt doch noch bis zum Abendessen !
18. Die trockene Rinde mancher Bäume kann man vielseitig verwenden.
19. Kein Reiter darf sein Pferd schlecht und herzlos behandeln./!
20. Nimm dir bitte noch ein großes Stück Kuchen !
21. Ist die Hautfarbe jeder Menschenrasse an ihre Umgebung angepasst ?
22. Zu den Saiteninstrumenten gehören auch die Geige und das Cello.
23. Wer möchte einen interessanten Ausflug nach Salzburg machen ?
24. Der Slalomspezialist gewann überraschenderweise den Abfahrtslauf.
25. Unsere besten Freunde werden auch heuer in den Bergen wandern.
26. Immer mehr Parteien in Europa setzen sich für Umweltschutz ein.
27. Wollen die Fischer in diesem Teich Karpfen oder Forellen züchten ?
28. Seid nicht so laut, wenn ihr zurückkehrt !
29. Der Kassier im Supermarkt hat sich schon wieder verrechnet.
30. Bringst du die Schuhe wirklich zum Schuster ?
31. Viele Völker dürfen auf ihre Kultur stolz sein.
32. Sie liegt mit einer schlimmen Erkältung im Bett.
33. Wie hat sie auf deine Absage reagiert ?
34. Mancher hochgelobte Vortrag erweist sich als furchtbar langweilig.
35. Ein Uhrmacher wird die kaputte Uhr wieder reparieren.
36. Welche Farbe hat dein neues Auto ?
37. Schenke mir bitte keine bunten Blumensträuße mehr !
38. Unser Urlaub in Italien hat mir wirklich sehr gut gefallen.
39. Hast du schon das neueste Gerücht vernommen ?
40. Weshalb bist du immer so schlecht gelaunt ?
41. Vergiss niemals deine besten Freunde !
42. Er hat sein Studium an der Universität begonnen.
43. Ein Jugendlicher bekam für sein Vergehen eine Strafe.
45. Wird das Unfallopfer die Operation überstehen ?

46. Die Menschheit nimmt den Tierschutz ernster als bisher.
47. Probiert doch eines dieser wunderbaren Kuchenstücke !
48. Warum versucht er immer, seinem Freund zu widersprechen !
49. Niemand aus unserer Klasse konnte den schwierigen Text übersetzen.
50. Mögen die kleinen Kinder den Clown auf der Bühne ?
51. Nicht wenige Patienten nehmen täglich verschiedene Tabletten ein.
52. Grob gemahlene Getreidekörner nennt man Schrot.
53. Was muss ich heute noch alles erledigen ?
54. Die Schildkröte gehört zu den ältesten Tierarten.
55. Glaube nicht alles, was er dir erzählt !
56. Ohne Satelliten kann man sich das Fernsehen kaum mehr vorstellen.
57. Wodurch ist dieser Konflikt überhaupt entstanden ?
58. Dieser Gruselfilm erregte bei den Besuchern Schauder und Empörung.
59. Wird Fred nächstes Jahr wieder nach Italien fahren ?

## XII Die Zeitstufen und -formen

a) Erkenne die Gegenwart

1. putzt
2. –
3. verursacht
4. –
5. braucht
6. –
7. –
8. kocht
9. –
10. –
11. Verbringt
12. –
13. zählen
14. –
15. benötigen
16. –
17. kaufen
18. unterschätzen
19. –
20. –
21. –
22. –
23. –
24. dauern
25. –

b) Bilde die Stammform

1. biss–gebissen
2. schlingen–geschlungen
3. biegen–bog
4. starb–gestorben
5. schneiden–geschnitten
6. bleiben–blieb
7. traf–getroffen
8. schreiben–geschrieben
9. bringen–brachte
10. glaubte–geglaubt
11. sinken–gesunken
12. fliegen–flog
13. stahl–gestohlen
14. sehen–gesehen
15. gewinnen–gewann
16. trat–getreten
17. schwimmen–geschwommen
18. greifen–griff
19. vergaß–vergessen
20. singen–gesungen
21. lesen–las
22. wuchs–gewachsen
23. sitzen–gesessen
24. liegen–lag
25. zog–gezogen
26. sprechen–gesprochen
27. reiten–ritt
28. rührte–gerührt
29. springen–gesprungen
30. schieben–schob
31. redete–geredet
32. machen–gemacht
33. schlafen–schlief
34. wusch–gewaschen
35. sammeln–gesammelt

c) Hilfszeitwörter

1. wird–gewinnen
2. –
3. –
4. Hat–bekommen
5. ist–ausgefallen
6. –
7. werde–singen
8. –
9. seid–aufgestanden
10. haben–gehabt
11. –
12. wirst–erleben
13. –
14. sind–aufgebrochen
15. –
16 werden–haben
17. hast–vergessen
18. –
19. bin–gewesen
20. ist–ausgegangen

d) Bilde die Mitvergangenheit

1. Sie schrieb einen Brief an ihre Freundin.
2. Im Sommer war die Arbeit in der Fabrik sehr anstrengend.
3. Gab es anlässlich dieses freudigen Ereignisses auch eine Feier ?
4. Der Vortrag war amüsant und lehrreich zugleich.
5. Unseren Winterurlaub genossen wir in der Schweiz.
6. Der Bauer verbrachte den ganzen Tag im Wald mit Schlägerungsarbeiten.
7. Für diesen Lehrgang meldeten sich viele Interessenten an.
8. Der Meisterkoch bereitete ein vorzügliches Gericht zu.
9. Wer bekam das letzte Tortenstück ?
10. Ein Wirbelsturm brach über das Tal herein.
11. Der Friseur schnitt ihr die Haare ganz kurz.
12. Unsere Gäste aßen den ganzen Kuchen auf.
13. Sein Brunnen versiegte während der großen Hitzewelle.
14. Meine Großeltern saßen gern auf der grünen Parkbank.
15. Die Festplatte meines Computers ging kaputt.
16. Ihr Garten glich einem Blumenmeer.
17. Eine große Hummel flog auf die große rote Blüte zu.
18. Die Spendenaktion brachte ein tolles Ergebnis.
19. Im hübschen Seerosenteich schwammen viele kleine Goldfische.
20. Wo fand das interessante Freiluftkonzert statt ?
21. Der kleine Fink holte sich die Erdnüsse aus dem Futterhäuschen.
22. Die Ameisen liefen in Scharen über die Terrasse.
23. Jeden Abend sprachen die Kinder ein Gebet.

e) Bilde die Zukunft

1. Sie wird oft ihre Tante in Spanien besuchen.
2. Das Badewasser wird wirklich eine ideale Temperatur haben.
3. Mit viel Begeisterung werden die Kinder ihre Koffer packen.
4. Der Landwirt wird die Kuh zur Viehversteigerung in die Stadt bringen.
5. Gegen Abend wird Fred die Blumen auf der Veranda gießen.
6. Wohin wird er die Vase mit den Blumen stellen ?
7. Das Wetter wird laut Vorhersage schön bleiben.
8. Ein lustiger Clown wird bei meiner Geburtstagsfeier auftreten.
9. Ich werde meinem Onkel eine Karte aus Marokko schreiben.

10. Sein langer Besuch wird uns große Mühe machen.
11. Eine große Entenfamilie wird die Straße überqueren.
12. Auf Grund des schönen Herbstes wird es eine gute Weinernte geben.
13. Mein Bruder wird mit einem Freund in eine gemeinsame Wohnung ziehen.
14. Unsere Kastanienbäume werden auch im Hochsommer viel Schatten spenden.
15. Dieser Wespenstich wird dir große Schmerzen verursachen.
16. Mein Vater wird gern mit dem Rad zur Arbeit fahren.
17. Die große Verwandtschaft wird heute Mittag im Gasthaus essen.
18. Wirst du dir ein Glas von dem herrlichen Eistee bestellen ?
19. Für die Aufnahmeprüfung wird er viel lernen müssen.
20. Bei den Versuchen im Chemielabor wird teures Glas zerbrechen.
21. Auf der Blumenwiese werden die Insekten die Blüten bestäuben.
22. Der Briefträger wird noch das wichtige Paket bringen.

f) Bilde die Vergangenheit

1. Aus den frischen Erdbeeren hat sie eine schmackhafte Marmelade gekocht.
2. Die Sonne hat den ganzen Nachmittag vom Himmel gebrannt.
3. Mein Onkel hat oft seinen Hut im Büro vergessen.
4. Die Schüler der ersten Klasse sind über den großen Sportplatz gelaufen.
5. Die Zöllner haben aufmerksam die Pässe der Einreisenden kontrolliert.
6. Ein Dackel hat den Fuchs in seinem Bau aufgestöbert.
7. Ist er schon zu Hause gewesen ?
8. Am Abend hat sie den Kindern eine unglaubliche Geschichte erzählt.
9. Sein unpersönliches Verhalten hat ihr eine große Enttäuschung bereitet.
10. Die erfolgreiche Fußballmannschaft hat wieder ein wichtiges Spiel gewonnen.
11. Der örtliche Kindergarten hat einen Malwettbewerb veranstaltet.
12. Unsere Feuerwehr hat den großen Brand in kürzester Zeit gelöscht.
13. Schon am frühen Morgen haben die Hühner gegackert.
14. Viele Eichkätzchen haben Futtervorräte für den Winter gesammelt.
15. Hat sie das vorbereitete Müsli gegessen ?
16. Der Schuster hat den Absatz meines Schuhs erneuert.
17. Ihrer Figur zuliebe ist sie mehrere Kilometer geschwommen.
18. Der junge Mann ist bis zum Meeresboden getaucht.
19. Wohin ist dieser Bus gefahren ?
20. Am Wochenende hat Fred einen Kuchen für seine Mutter gebacken.
21. Während meiner Reise habe ich Fotos von den Sehenswürdigkeiten gemacht.
22. Wir haben für den Winter einen großen Vorrat an Brennholz bereitgestellt.

g) Erkenne die Zeitform

1. Präsens
2. Futur
3. Perfekt
4. Präsens
5. Präteritum/vorm. Imp.
6. Perfekt
7. Präsens
8. Präteritum/vorm. Imp.
9. Futur
10. Präteritum/vorm. Imp.
11. Perfekt
12. Futur
13. Präsens
14. Perfekt
15. Futur
16. Perfekt
17. Perfekt
18. Präsens
19. Futur

20. Futur
21. Präsens
22. Futur
23. Präteritum/vorm. Imp.
24. Präsens
25. Futur
26. Präteritum/vorm. Imp.
27. Perfekt
28. Präsens
29. Perfekt
30. Präsens
31. Präsens
32. Perfekt
33. Präteritum/vorm. Imp.
34. Präsens
35. Präsens
36. Perfekt
37. Präsens
38. Präteritum/vorm. Imp.
39. Präteritum/vorm. Imp.
40. Präteritum/vorm. Imp.
41. Präsens
42. Präteritum/vorm. Imp.
43. Futur
44. Perfekt
45. Präteritum/vorm. Imp.
46. Futur
47. Präsens
48. Perfekt
49. Futur
50. Futur
51. Präteritum/vorm. Imp.
52. Präsens
53. Präteritum/vorm. Imp.
54. Perfekt
55. Futur
56. Präteritum/vorm. Imp.
57. Perfekt
58. Perfekt
59. Futur
60. Futur
61. Perfekt
62. Präsens
63. Perfekt
64. Präteritum/vorm. Imp.
65. Futur
66. Perfekt
67. Präsens
68. Perfekt
69. Präteritum/vorm. Imp.
70. Präteritum/vorm. Imp.
71. Präsens
72. Futur
73. Perfekt
74. Futur
75. Präteritum/vorm. Imp.
76. Präsens
77. Futur
78. Perfekt
79. Futur
80. Präteritum/vorm. Imp.

# XIII Wiederholungsteil

1) Übungen Zeitwort

a) Nennform

1. anhalten
2. schreiben
3. einkaufen
4. sein
5. bergen
6. geben
7. stechen
8. kochen
9. fangen
10. schwimmen
11. bitten
12. lachen
13. finden
14. zustimmen
15. eintauchen
16. messen
17. anmerken
18. überlegen
19. vergessen
20. fallen
21. zurückgeben
22. geschehen
23. mögen
24. wählen
25. saufen
26. graben
27. hinausgehen
28. lassen
29. schrecken
30. raten
31. dürfen
32. backen

b) gemischte Formen

1. Infinitiv
2. Personalform
3. Infinitiv
4. Imperativ
5. Personalform
6. Imperativ
7. Personalform
8. Personalform
9. Imperativ
10. Personalform
11. Imperativ
12. Personalform
13. Infinitiv
14. Imperativ
15. Personalform
16. Infinitiv
17. Personalform
18. Imperativ
19. Infinitiv
20. Imperativ
21. Personalform
22. Imperativ
23. Personalform
24. Imperativ
25. Personalform
26. Imperativ
27. Infinitiv
28. Imperativ
29. Personalform
30. Personalform
31. Imperativ
32. Infinitiv
33. Imperativ
34. Personalform
35. Imperativ
36. Personalform
37. Infinitiv

e) Erkenne die Zeitwörter

Der Bär Juri I

Vor langer Zeit lebte einmal ein alter Bär in einem großen, düsteren Wald. Er wohnte allein in seiner Höhle und sprach mit keinem der Waldbewohner ein Wort. Natürlich wunderten sich die anderen Tiere, warum der alte Bär immer so brummig war, aber als er ihre Einladungen zum alljährlichen Fest der Tiere jedes Mal ablehnte, kümmerte sich bald niemand mehr um ihn, und man ließ ihn in Ruhe.
Eines Tages gastierte ein großer Zirkus in der Stadt, die nicht weit von dem großen Wald entfernt lag.
Der Zirkus Strubelli war in ganz Europa für seine Attraktionen bekannt. Viele Leute strömten zu den Kassen, um sich Karten für die erste Vorstellung zu kaufen, denn auf den Plakaten, die überall hingen, sah man ein Bild von dem kleinen Bären Juri, der an diesem Abend zum ersten Mal auftreten sollte.
Die Tiere des Waldes hingegen waren überhaupt nicht begeistert. Schließlich wussten sie alle, dass die Tiere im Zirkus nicht freiwillig auftraten. Sie lebten in Käfigen und durften niemals alleine irgendwohin gehen. Das war für die Waldbewohner völlig unvorstellbar.
Es wurde Abend, und das bunte Zirkuszelt füllte sich allmählich mit Zuschauern. Nachdem das Publikum seine Plätze eingenommen hatte, trat der Direktor in die Manege und begrüßte seine Gäste. Währenddessen stand der kleine Bär hinter dem roten Vorhang und wartete auf seinen ersten großen Auftritt. Nervös war er überhaupt nicht, da er alle Übungen schon hunderte Male mit seiner Trainerin probiert hatte.
Die Rede des Direktors dauerte und dauerte. Dem kleinen Bären wurde das lange Warten allmählich zu langweilig und er machte ein paar Schritte in Richtung des seitlichen Ausgangs des Zeltes. Er streckte seine Nase hinaus und schnupperte in die würzige Luft, die vom nahen Wald herüberwehte. „Ach, ist das herrlich frisch“, dachte er, „nicht so stickig wie in dem heißen Zelt, in dem ich immer üben muss.“
Schnell sah er sich um und bemerkte, dass seine Trainerin sich angeregt mit einer Kollegin unter-

hielt und überhaupt nicht mehr auf ihn achtete. „Das ist meine Chance“, dachte sich Juri und hielt noch einen Augenblick inne.
Die Rede des Zirkusdirektors war zu Ende, und mit einem feierlichen Tusch hob sich der Vorhang. Alle blickten gespannt auf den Fleck unter dem Scheinwerferspot, wo sich allerdings nur eine schmale Eisenkette an einem blauen Lederhalsband befand.

2) Übungen Hauptwort

a) Bilde Einzahl und Mehrzahl

1. die Bälle
2. das Kind
3. die Wörter
4. die Tasse
5. die Ängste
6. der Gegenstand
7. die Gabeln
8. das Hotel
9. die Ansichten
10. das Jahr
11. die Gläser
12. der Stift/das Stift (Ordenseinrichtung)
13. die Kämpfe
14. der Knopf
15. die Bahnen
16. der Kranz
17. die Reisen
18. die Mandel
19. die Arbeiter
20. der/die Angestellte
21. die Verträge
22. der Markt
23. die Büros
24. der Ring
25. die Wahlen
26. die Notiz
27. die Kälber
28. das Land
29. die Hinweise
30. der Vorwurf
31. die Mütter
32. die Maske
33. die Häuser
34. der Wald
35. die Frösche
36. die Schwester
37. die Wände
38. die Person
39. die Felder
40. der Tisch
41. die Schränke
42. das Maul
43. die Bücher
44. die Uhr
45. die Truhen
46. das Öl
47. die Sessel
48. das Rad

b) Verwandle in ein Hauptwort
(Auch hier gibt es verschiedene Möglichkeiten)

1. die Bildung
2. die Wissenschaft
3. die Schönheit
4. die Wirksamkeit/die Wirkung
5. die Erfahrung/die Erfahrenheit
6. die Klugheit
7. der Reichtum
8. der Duft
9. der Schlag
10. die Bosheit
11. die Reinheit
12. der Wunsch
13. die Hoffnung
14. die Gemeinheit
15. die Dankbarkeit
16. die Liebe
17. das Spiel
18. die Sucht
19. die Hitze
20. die Blüte
21. die Trauer
22. die Sicherheit
23. die Gesundheit
24. der Husten
25. das Hindernis
26. die Gemütlichkeit
27. die Kostbarkeit
28. die Fahrt
29. die Furcht

30. das Verbot
31. der Fleiß
32. die Glut
33. das Ergebnis
34. die Ängstlichkeit
35. die Einsamkeit
36. das Futter
37. die Tapferkeit
38. die Zartheit
39. der Sprung
40. der Brand
41. das Getränk
42. die Dummheit
43. die Fröhlichkeit
44. die Lesung
45. die Bestellung
46. der Mut
47. die Kälte
48. die Sprache
49. die Wanderung
50. der Hunger
51. die Eile
52. die Wiederholung

c) Zahl und Fall

1. Worten
2. Gräber
3. Späße
4. Kino
5. Ohren
6. Papierbögen
7. Leben
8. Semmeln
9. Bücher
10. Mitgliedern
11. Verband
12. Schmerz(en)
13. Motoren
14. Gruß
15. Schlösser
16. Arbeit
17. Banken
18. Äcker
19. Vase
20. Schläge
21. Spannung
22. Meter
23. Rohren
24. Packung
25. Gefäße
26. Ränder
27. Mahlzeit
28. Denkmäler/Denkmale
29. Füße
30. Straße
31. Sträucher
32. Geschäftsführer
33. Medikamente
34. Autos
35. Zeugnisse
36. Aktenkoffer
37. Parks
38. Ärztinnen

3) Übungen Geschlechtswort

a) bestimmt oder unbestimmt ?

Der Bär Juri II

Während sich **die** Anwesenden noch von **dem** Schreck erholten und sich fragten, wo **der** kleine Bär stecken könnte, war Juri längst über alle Berge. Er flüchtete direkt zum nächstgelegenen Waldrand und genoss **das** Laufen durch Wiesen und Felder.
Ganz außer Atem blieb er nach **ein** paar Minuten stehen und blickte sich neugierig um. In **dem** Wald standen sehr hohe Bäume, und **die** Blätter raschelten laut im Wind. Juri setzte sich auf **einen** Baumstumpf und überlegte, woher er jetzt etwas zu essen bekommen könnte. Schließlich hatte er schon lange **kein** Futter mehr bekommen. Er stand wieder auf und ging **ein** paar Schritte weiter. Da entdeckte er **eine** große Höhle, aus der es recht verheißungsvoll roch. Juri schlich leise hinein und jubelte bei **dem** Anblick, der sich ihm bot. Frische Beeren und anderes Obst lagen fein säuberlich auf **einem** Holzbalken. Daneben stand **ein** großer Topf aus Keramik, der verführerisch

nach Honig duftete. Begeistert verschlang Juri **ein** paar Beeren und stürzte sich danach kopfüber in **den** Honigtopf.
Vor lauter Schlecken und Schmatzen bemerkte er gar nicht, dass **der** alte Bär von seinem Spaziergang zurückgekommen war und ihn mit großem Ärger beobachtete.
„Was fällt denn dir ein !", brüllte er **den** kleinen Bären an, der vor Schreck sofort auf seinen Allerwertesten fiel. „Ich, ich …", stotterte Juri verängstigt, „wollte doch bloß **ein** wenig essen, wo ich doch so hungrig war …"
„Und da marschierst du so einfach in **die** Höhle und stiehlst meine Vorräte !", sagte **der** alte Bär erbost und überlegte, wie er **den** kleinen Bären am besten bestrafen könnte.
Juri schaute **den** alten Bären mit großen Augen an und fragte sich, warum dieser so böse auf ihn war. So wie er ihn jetzt mit seinen wütenden Augen ansah, war er wahrscheinlich zu allem fähig. **Eine** dicke Träne **der** Verzweiflung quoll aus Juris Auge und rollte in **das** flauschige Bärenfell.

b) Verbessere den Stil

1. Zum Frühstück esse ich jeden Tag Müsli mit Milch.
2. Eine Katze und ein Hund laufen durch den Garten.
3. Ich gehe arbeiten, um Geld zu verdienen.
4. Sie feiert ohne Rücksicht auf ihre Nachbarin.
5. Den Kindern ist das Essen und das Mitnehmen von Getränken erlaubt.
6. Er ist außer sich vor Wut.
7. Für einen guten Teig brauchen wir Butter, Mehl und Eier.
8. Mit Blumen und Komplimenten eroberte er ihr Herz.
9. Sie haben eine hübsche und wohlerzogene Tochter.
10. Auf dem Schreibtisch liegen eine Schere und ein Bleistift.
11. Bei der Zeugnisverteilung herrschte große Freude.
12. Bitte, rufe mich, wenn du Hilfe benötigst!
13. Wir alle lieben Obst und Gemüse.

4) Übungen Fürwörter

a) Finde den richtigen Fall

1. ihm/ihr/ihm
2. ihm/ihr/ihm
3. ihn/sie/es
4. ihn/sie/es
5. ihm/ihr/ihm
6. ihm/ihr/ihm
7. ihn/sie/es
8. ihm/ihr/ihm
9. ihn/sie/es
10. ihm/ihr/ihm
11. ihm/ihr/ihm
12. ihn/sie/es
13. ihm/ihr/ihm
14. ihn/sie/es
15. ihm/ihr/ihm
16. ihn/sie/es
17. ihn/sie/es
18. ihn/sie/es
19. ihn/sie/es
20. ihn/sie/es
21. ihn/sie/es
22. ihn/sie/es
23. ihn/sie/es
24. ihm/ihr/ihm

b) Ersetze die richtige Form

Der Bär Juri III

„Es tut **mir** leid, dass ich **deine** Vorräte aufgegessen habe", schluchzte Juri leise, „aber **ich** hatte so großen Hunger und wusste nicht, wo **ich** sonst etwas zu essen bekomme hätte."
Der alte Bär ließ sich seufzend auf den Boden nieder und sah **ihn** stirnrunzelnd an, „Hat **dir** denn deine Mutter nicht beigebracht, wie man sich mit Nahrungsmitteln versorgt ?"
Der kleine Bär schüttelte verneinend den Kopf. „Ich kann **mich** an **meine** Mutter gar nicht mehr erinnern, denn **ich** kam schon als Baby zum Zirkus, und da bekommst **du dein** Futter von den Trainern."
In den Augen des großen Bären leuchtete so etwas wie Verständnis auf. „Ach so ist das", sagte **er** und kratzte sich verlegen am Rücken. Der kleine Bär rückte vorsichtig näher und fragte **ihn** scheu: „Weißt **du** denn überhaupt, was ein Zirkus ist ? Schließlich lebst **du** hier in diesem einsamen Wald und kommst sicherlich nicht oft in die Stadt."
Der alte Bär nickte kummervoll: „**Ich** hatte einen kleinen Bruder, für den **ich** gesorgt habe, nachdem unsere Eltern gestorben waren." Der kleine Bär richtete sich erwartungsvoll auf und lauschte interessiert. „**Wir** lebten damals in einem anderen Wald, wo es leider sehr viele Jäger gab. Jedenfalls kamen eines Tages mehrere Jäger auf einmal, um Bären zu fangen, die **sie** dann an einen Zirkus verkaufen wollten. **Mein** Bruder und **ich** liefen so schnell **wir** konnten, aber **er** war leider zu langsam und **sie** nahmen **ihn** gefangen. Bevor **ich ihm** irgendwie helfen konnte, waren **sie** schon weg. An diesem Tag zog **ich** aus diesem Wald fort und kam hierher. **Ich** war so traurig, dass **ich** mit niemandem mehr reden und nur allein sein wollte."
Juri wollte den armen alten Bären trösten, aber **er** wusste nicht, wie. Hilflos streckte **er seine** Pfote aus und tätschelte **ihm** den Rücken. Der alte Bär seufzte wieder und meinte dann fragend: „Aber was machen **wir** jetzt mit **dir** ? **Du** bist doch sicher aus dem Zirkus weggelaufen, oder ?" Der kleine Bär nickte schuldbewusst.

5) Übungen Vorwort/Fallendung

1. Der Junge wirft den Ball gegen **die** Mauer.
2. Meine Oma trägt einen Hut **auf** dem Kopf
3. Ein Fahrrad steht hinter **dem** Gartenzaun.
4. Du musst etwas **gegen** deine schlechte Laune tun !
5. Sie redet immer während **des Filmes**.
6. **Mit** Hilfe seiner Nachbarn konnte er sich befreien.
7. Gegen **den** Willen seines Bruders darf er das nicht machen.
8. Fred spielt mit **den Kindern** Ball.
9. Der Himmel beginnt **über den Wolken**.
10. Dieser Teppich hängt **an** der Wand.
11. Außer **dem** Lehrer war niemand anwesend.
12. Bitte, bringt die Koffer in **die Zimmer** !

6) Übungen Eigenschaftswort

a) Ergänze die Endungen

1. lang**en**
2. voll**em**
3. solch**em**
4. arm**em**
5. gut**em**
6. höchst**em**
7. halb**em**
8. gut**em**
9. berechtigt**e**
10. hoh**en**
11. größt**er**
12. eng**en**, stickig**en**

13. gehaltvoll**en**, langsam**en**
14. stark**en**
15. verlässlich**er**
16. schrecklich**en**
17. lieblos**er**
18. sein**em**
19. schärfst**en**
20. heiß**em**, schwül**em**, anstrengend**en**
21. spannend**en**
22. zahllos**en**
23. best**em**
24. andauernd**em**
25. groß**en**, gelb**en**, ganz**en**
26. übermäßig**en**
27. frühest**er**, entfernt**en**
28. länger**er**, schmal**en**, eng**en**
29. wichtig**en**, best**er**
30. fahrlässig**en**

b) welche Stufe?

1. beste
2. artiger
3. glücklichsten
4. unverschämter
5. bekanntesten
6. verbraucht
7. heftigsten
8. besorgt
9. vermögender
10. hübschesten
11. dicht
12. klug, weise
13. klarer
114. dringendsten
15. zahm
16. kühler
17. dünner
18. weitesten
19. rasante
20. beschwingter
21. eleganteste
22. reifer
23. zerfurcht
24. deutlich
25. elend
26. scheuer
27. dunkel
28. lebhaftesten
29. feiner
30. schwieriger
31. klein
32. steinig
33. Tief, fest
34. treuer
35. kräftigsten
36. ferner
37. fleißigsten
38. üblich
39. zimperlich

7) Übungen Wortarten

1. bestimmter Artikel, Nomen
2. Nomen, Verb
3. Possessivpronomen, Adjektiv, Nomen
4. unbestimmter Artikel, Adjektiv, Nomen
5. bestimmter Artikel, Nomen, Verb, Adjektiv
6. unbestimmter Artikel, Adjektiv, Nomen
7. Personalpronomen, Verb
8. bestimmter Artikel, Adjektiv, Nomen
9. Präposition, bestimmter Artikel, Nomen
10. bestimmter Artikel, Nomen, Verb
11. unbestimmter Artikel, Adjektiv, Nomen
12. Präposition, bestimmter Artikel, Nomen
13. bestimmter Artikel, Adjektiv, Nomen
14. unbestimmter Artikel, Nomen, Verb, Verb
15. Adjektiv, Nomen
16. Personalpronomen, Verb, bestimmter Artikel, Nomen

17. unbestimmter Artikel, Adjektiv, Nomen
18. Adjektiv, Nomen
19. Personalpronomen, Verb, Verb
20. bestimmter Artikel, Nomen, Verb, Verb
21. Possessivpronomen, Nomen
22. Präposition, Nomen
23. Adjektiv, Nomen
24. Personalpronomen, Verb, Adjektiv
25. Possessivpronomen, Nomen
26. Präposition, Nomen, Verb
27. Possessivpronomen, Adjektiv, Nomen
28. Präposition, Nomen
29. bestimmter Artikel, Nomen, Verb, Verb
30. Adjektiv, Nomen
31. unbestimmter Artikel, Nomen, Verb, Verb
32. bestimmter Artikel, Adjektiv, Nomen
33. Präposition, bestimmter Artikel, Nomen
34. Possessivpronomen, Adjektiv, Nomen
35. Nomen, Verb
36. Personalpronomen, Verb, Verb

8) Übungen Satzglieder

a) ihm oder ihn?

1. ihn
2. ihm
3. ihm
4. ihm
5. ihn
6. ihn
7. ihn
8. ihm
9. ihn
10. ihn
11. ihn
12. ihm
13. ihn
14. ihm
15. ihm
16. ihn
17. ihn
18. ihn
19. ihm
20. ihm
21. ihn
22. ihm
23. ihn
24. ihn
25. ihm
26. ihn
27. ihm
28. ihm
29. ihn
30. ihm
31. ihn
32. ihn
33. ihm
34. ihn
35. ihm
36. ihm

b) Bilde einen sinnvollen Satz

1. Der Lehrer gibt der fleißigen Schülerin einen Arbeitszettel.
2. Der schnelle Stürmer schoss ein großartiges Tor.
3. Der angriffslustige Affe biss den Pfleger in die Hand.
4. Er ging ohne Gruß zur Tür hinaus.
5. Denkt sie noch oft an frühere Zeiten ?

6. Sie hat den Kuchen mit viel Liebe gebacken.
7. Er wäscht mit großer Begeisterung sein Auto.
8. Meine Tante empfing uns mit Kaffee und Kuchen.
9. Hoffentlich wird sein Vater bald nach Hause kommen !
10. Wohin fährt die unternehmungslustige Reisegruppe mit dem Bus ?
11. Gib mir das ausgeborgte Buch bitte zurück !
12. Ich bin noch nie in Neuseeland gewesen.
13. Wird er dem untreuen Buchhalter jemals verzeihen ?

9) Übungen Satzgegenstand und Satzaussage
(*Erklärung:* unterstrichen: Subjekt; **fett** Prädikat)

Der Bär Juri IV

Es **war** wirklich eine schwierige Situation. Der alte Bär **verstand** Juri sehr gut, doch andererseits **wusste** er nicht, was er mit ihm **anfangen sollte**. „Bitte, **schicke** mich nicht in den Zirkus **zurück**", **bettelte** der kleine Bär verzweifelt, „ich **werde** hier bei dir in diesem schönen Wald **leben**, und du **wirst** mir alles Wichtige **beibringen**." Seine großen schwarzen Knopfaugen **leuchteten** vor Begeisterung.
Der alte Bär **dachte** lange nach. „Ich **bin** doch alt und langweilig. Bei mir **wirst** du dich doch auf Dauer nicht **wohlfühlen**", **meinte** er schließlich und **lächelte** entschuldigend.
Doch Juri **lächelte** nicht **zurück**. „Schade", **sagte** er und **drehte** den Kopf zur Seite, „dann **werde** ich eben in den Zirkus **zurückgehen** und dort unglücklich **sein**." Er **lief** aus der Höhle und **trat** den Rückweg zum Zirkus **an**.
Als er auf der Anhöhe **stand**, von der man einen schönen Ausblick auf die Stadt **hat**, **blieb** er kurz **stehen** und **seufzte** tief. „Wenn ich jetzt **zurückkomme**, **werde** ich wohl eine Strafe **bekommen**", **dachte** er, „wahrscheinlich **streichen** sie mir den Nachtisch. Oder ich **muss** eine Stunde Zusatztraining **machen**."
Er **machte** gerade den ersten Schritt nach vorne, als er plötzlich eine schwere Pranke auf seiner linken Schulter **spürte**. „**Warte**", **brummte** hinter ihm eine tiefe Stimme, „ich **habe** es mir anders **überlegt**. Du **darfst** bei mir **bleiben**. Aber nur, wenn du wirklich brav **bist** und alles **lernst**, was ich dir **sage**." Der kleine Bär **nickte** begeistert und **schüttelte** ihm dankbar die Pfote.
Juri **erfuhr**, dass sein großer neuer Freund Lenski **hieß**, und seit jenem Tag **waren** die beiden unzertrennlich. Lenski **brachte** ihm **bei**, wie man nach Nahrung **sucht**, was gar nicht so leicht **war**, und Juri wiederum **war** glücklich, als der alte Brummbär zum ersten Mal über einen seiner Witze herzlich **lachte**.
Natürlich **hatten** sie auch manchmal Streit, aber echte Freunde **finden** immer wieder einen Weg zur Versöhnung. Beide **gaben** ihre Sturheit **auf**, denn eine wahre Bärenfreundschaft **hält** schließlich jede Meinungsverschiedenheit **aus**.

10) Übungen zu den Satzarten

1. Aussagesatz
2. Ergänzungsfragesatz
3. Aussagesatz
4. Aussagesatz
5. Aufforderungssatz
6. Aussagesatz
7. Ergänzungsfragesatz
8. Entscheidungsfragesatz
9. Aussagesatz
10. Aufforderungssatz
11. Ergänzungsfragesatz
12. Aussagesatz
13. Aussagesatz
14. Ergänzungsfragesatz
15. Aufforderungssatz
16. Entscheidungsfragesatz

17. Aussagesatz
18. Aussagesatz
19. Entscheidungsfragesatz
20. Aussagesatz
21. Entscheidungsfragesatz
22. Aufforderungssatz
23. Ergänzungsfragesatz
24. Aussagesatz
25. Aussagesatz
26. Entscheidungsfragesatz
27. Aussagesatz
28. Aufforderungssatz
29. Aussagesatz
30. Aussagesatz
31. Entscheidungsfragesatz
32. Aussagesatz
33. Aufforderungssatz
34. Aussagesatz

11) Übungen zu den Zeitformen

1. ich frage
2. ihr befahlt
3. er/sie/es ist gelaufen
4. wir werden genießen
5. du schwörst
6. sie begannen
7. er/sie/es ist gelungen
8. ihr werdet stechen
9. ich rede
10. ihr liebtet
11. ich bin geschwommen
12. sie werden braten
13. er/sie/es friert
14. ihr flochtet
15. wir haben gegossen
16. ihr werdet bieten
17. er/sie/es scheint
18. ihr hieltet
19. du hast gesprochen
20. wir werden zahlen
21. er/sie/es steigt
22. wir gruben
23. du hast gebrochen
24. wir werden streicheln
25. er/sie/es hängt
26. sie hoben
27. du hast geliehen
28. wir werden löschen
29. du rechnest
30. sie brannten
31. ich habe gebürstet
32. wir werden messen
33. er/sie/es antwortet
34. ihr riebt
35. ich habe gedacht
36. ihr werdet reißen
37. er/sie/es klingt
38. ihr klatschtet
39. ich habe geholfen
40. sie werden zupfen
41. du schenkst
42. wir empfahlen
43. er/sie/es hat gesungen
44. ihr werdet kochen
45. ich renne
46. wir weinten
47. du bist erschrocken/du hast erschreckt
48. sie werden trösten
49. du schließt
50. sie litten
51. ich habe gerochen
52. sie werden heben
53. er/sie/es fährt
54. wir saßen
55. du hast gerufen
56. ihr werdet nennen
57. ich esse
58. sie fingen
59. ich bin gestiegen
60. ihr werdet sammeln
61. er/sie/es schleicht
62. wir logen
63. du hast gefunden
64. ihr werdet mähen
65. er/sie/es streitet
66. ihr lagt
67. er/sie/es hat getrunken
68. sie werden fliegen
69. du zwingst
70. wir schrien
71. du hast geraucht
72. sie werden fließen

# XIV Anhang

2) Zum Geschlechtswort

das oder dass?

1. dass, das
2. Das, das
3. Dass, das, dass
4. dass
5. Dass
6. das, das, das
7. das, das
8. das, dass, dass, das
9. dass, Das
10. Das, dass
11. dass
12. Das, das
13. dass
14. dass
15. Dass, das
16. Das, dass
17. das, das
18. dass
19. dass, Das
20. dass
21. Dass
22. dass, das
23. das
24. Das, das
25. das
26. Dass
27. dass, das
28. dass
29. Dass
30. das
31. das
32. Dass, das
33. dass, das
34. das, das
35. dass
36. das, dass
37. das
38. dass
39. dass
40. das
41. dass
42. das, dass
43. dass
44. das, das
45. dass
46. dass
47. dass, dass
48. das
49. dass, das
50. das
51. Dass, das, das
52. dass
53. Dass, das, dass, das
54. dass
55. dass
56. dass
57. das, das
58. dass
59. dass, das
60. dass
61. das, das
62. das
63. dass
64. dass
65. dass
66. dass
67. dass
68. dass
69. Das
70. das
71. dass
72. Dass
73. das
74. das
75. das, das
76. dass
77. das
78. das
79. Dass
80. dass
81. das
82. das, das
83. dass
84. dass
85. das
86. das, das
87. das, das
88. das

89. dass
90. dass
91. dass, das
92. dass
93. dass
94. dass, das
95. dass
96. das
97. das, das
98. Dass, das
99. dass
100. das
101. das
102. dass, das
103. dass
104. dass, dass, dass
105. das
106. das
107. das
108. das
109. Dass
110. das
111. dass
112. dass
113. dass
114. das
115. Dass
116. dass
117. das
118. das
119. Das
120. das
121. dass
122. das, das
123. dass
124. dass, dass

# XVI Erkärung der lateinischen Fachausdrücke

| | |
|---|---|
| Adjektiv | Eigenschaftswort, Art-, Bei-, Wiewort |
| Adverb | Umstandswort |
| adverbiale Bestimmung | Umstandsergänzung |
| Akkusativ | 4. Fall, Wenfall |
| Akkusativobjekt | Ergänzung im 4. Fall |
| Aktiv | Tatform, Tätigkeitsform |
| Apposition | Beisatz, Form der Beifügung |
| Artikel | Geschlechtswort, Begleiter des Nomens |
| Attribut | Beifügung, Gliedteil |
| Dativ | 3. Fall, Wemfall |
| Dativobjekt | Ergänzung im 3. Fall |
| Deklarativsatz | Aussagesatz |
| Deklination | Abwandlung d. Form, Beugung, Fallsetzung |
| deklinieren | beugen von Nomen, Art., Pron. und Adj. |
| Demonstrativpronomen | hinweisendes Fürwort |
| Exklamativsatz | Ausrufsatz |
| Femininum | weibliches Geschlecht |
| Finalsatz | Zweck- oder Absichtssatz |
| finite Verbform | Personalform |
| Futur I | 1. Zukunft |
| Futur II | 2. Zukunft, Vorzukunft |
| Genitiv | 2. Fall, Wesfall |
| Genitivattribut | Beifügung im 2. Fall |
| Genitivobjekt | Ergänzung im 2. Fall |
| Genus | grammatisches Geschlecht |
| Imperativ | Befehlsform |
| Imperativsatz | Aufforderungssatz |
| Imperfekt | frühere Bezeichnung für Präteritum |
| Indefinitpronomen | unbestimmtes Fürwort |
| Indikativ | Wirklichkeitsform |
| Infinitiv | Nennform des Verbs |
| Interjektion | Empfindungswort, eingeworfenes Wort |
| Interrogativpronomen | fragendes Fürwort |
| Interrogativsatz | Fragesatz |
| Kardinalzahlen | Grundzahlen |
| kausal | zur Angabe des Grundes |
| Kausalsatz | Begründungssatz |
| Kasus | Fall |

| | |
|---|---|
| Komparativ | erste Steigerung bei den Vergleichsformen |
| Konditionalsatz | Bedingungssatz |
| Konjugation | Beugung des Verbs |
| Konjunktion | Bindewort |
| Konjunktiv | Möglichkeitsform |
| Konsekutivsatz | Folgesatz |
| Konzessivsatz | Einräumungssatz |
| lokal | zur Ortsangabe |
| Lokalsatz | Ortssatz |
| Maskulinum | männliches Geschlecht |
| Modalsatz | Artsatz |
| Modalverb | Hilfszeitwort der Aussage |
| modifizierendes Verb | die Aussage abstufendes Verb |
| Neutrum | sächliches Geschlecht |
| Nomen | Nenn-, Namen- , Ding-, Hauptwort |
| Nominativ | 1. Fall, Werfall, Wasfall |
| Numerale | Zahlwort |
| Numerus | Zahl, gibt an, ob einmal od. mehrmals |
| Objekt | Ergänzung |
| Ordinalzahlen | Ordnungszahlen |
| Partizip | 1. Partizip: Mittelwort d. Gegenwart<br>2. Partizip: Mittelwort d. Vergangenheit |
| Passiv | Leideform |
| Perfekt | Vergangenheit |
| Personalpronomen | persönliches Fürwort |
| Plural | Mehrzahl |
| Plusquamperfekt | Vorvergangenheit |
| Positiv | Grundstufe bei den Vergleichsformen |
| Possessivpronomen | besitzanzeigendes Fürwort |
| Prädikat | Satzaussage (ein- bzw. mehrteiliges Verb in der Personalform) |
| Präposition | Vorwort, Verhältniswort |
| Präsens | Gegenwart |
| Präteritum | Mitvergangenheit |
| Pronomen | Begleiter bzw. Stellvertreter d. Nomens |
| Reflexivpronomen | rückbezügliches Fürwort |
| Relativpronomen | bezügliches Fürwort |
| Singular | Einzahl |
| Subjekt | Satzgegenstand, Satzglied im 1. Fall |
| Substantiv | vgl. Nomen |

| | |
|---|---|
| Superlativ | Höchststufe bei den Vergleichsformen |
| temporal | zur Zeitangabe |
| Temporalsatz | Zeitsatz |
| Tempus | Zeit, Zeitform |
| Verb | Zeitwort |